東京時間旅行

Tokyo Time Travel

Kashima Shigeru

鹿島茂

作品社

東京時間旅行

はじめに——東京五輪大作戦

「東京オリンピックですべてが変わった」

「戦前の東京はオリンピックで終わって、そこから戦後の東京が始まった」

現在、ある雑誌で盛り場の発生史のような連載をやっているが（二〇〇三年に『平成ジャングル探検』と題して講談社より単行本化、さらに二〇〇七年に講談社文庫）、その際、インタビューに答えた年配者が判で押したように慨嘆して口に出すのがこんな言葉である。まるで、東京オリンピックというものが、オスマン男爵によるパリ改造にも匹敵する総合的な都市整備計画だったような口ぶりではないか。

個人的なことを言えば、私は東京オリンピックが開催された一九六四（昭和三十九）年には中学校三年生で、オリンピックをリアルタイムで経験はしているが、会場とは関係のない横浜に住んでいたせいか、東京の激変には直接的に立ち会ってはいない。私が東京の盛り場をぶらつくようになったのは、オリンピックの翌年からなので、その激変の過程については詳しくない。しかし、それでも、オリン

ピックですべてが変わったというのは実感としてよくわかる。

ただ、わからないのは、どうして「オリンピックで」なにもかも変わってしまったのかということである。つまり、なぜオリンピックがそれほどに大きな変革要因になりえたのかということである。なにか、もっとほかの要因はなかったのか？　いやむしろ、問題は次のように設定したほうがいいかもしれない。

オリンピックで東京が変わったのではなく、東京を変えるためにオリンピックを行ったのではないか？　東京を大改造するという前提がまずあって、オリンピックはその口実にすぎなかったのではないか？　だとするならば、その東京大改造のプランナーはだれなのか？

すくなくとも、こう仮説すると、冒頭で記した東京都民の印象はかなりのリアリティをもって迫ってくる。すなわち、東京オリンピックによる東京大改造は、オスマンのパリ改造に相当する都市計画であり、偶発的な出来事ではなかったのである。では、この仮説の証明にはどこに切り口を求めたらいいのか？

*

東京都発行の『第18回オリンピック競技大会東京都報告書』は、その第一ページ目をオリンピック開催決定までの招致活動の経緯に当てている。すなわち、一九三〇（昭和五）年、世界学生陸上の総監督としてドイツに赴くことになった山本忠興博士は時の東京市長永田秀次郎と会見し、昭和十五（一九四〇）年はちょうど皇紀二六〇〇年に当たるので、第十二回オリンピック大会を東京に招致した

らどうかと切り出した。これを聞いた永田市長は即座にこれを了として招致活動に入ったというのである。このエピソードからもわかるように、戦前のオリンピック招致活動は、あくまで国威発揚のための「天皇のイベント」だったのである。

招致活動は意外にスムーズに運び、一九三六年には、第十二回オリンピック大会の東京開催が決定し、商工省が進めていた万博も同時開催が決まった。ところが、一九三七年に日中戦争が勃発したため、東京市は涙を飲んで両方のイベントの開催返上を決定するほかなくなったのである。開催決定から返上までわずかな期間しかなかったため、これを機に東京を作り替えるというグランドデザインなど作る暇もなく、その後は戦争の激化で都市計画どころの騒ぎではなくなってしまった。オリンピックと万博の開催という潰えた夢の記憶だけは残ったが、実質的な遺産はなにも戦後には残らなかったのである。

しかし、そうだとすると、ここで問題が生じる。東京を改造するためにオリンピックを招致するというアイディアは、純粋に戦後的なものだということになる。換言すれば、戦後の都市事情がオリンピックを必要としたということになる。

では、戦後のオリンピック招致計画はいつ生まれたのか？　公式文書などは、一様に、一九五二（昭和二十七）年、講和条約の発効を機に、ときの東京都知事安井誠一郎が一九六〇年の第十七回大会の東京招致を表明したとしている。その動機は「平和復興と国際舞台に復帰した日本の姿」（『第18回オリンピック競技大会東京都報告書』）を全世界の人に示すことにあったというが、これはいささか綺麗事にすぎる。『東京百年史』には「招致の必要性」と題して、オリンピック招致計画の裏に働いていた

思惑を論じた次のような箇所がある。

「前項の東京大会前史における招致運動の動機は、東洋における一等国としての国威誇示と、国際連盟などを中心とするわが国に対する世界世論の不評対策として考えられた面が強い。（中略）戦後の場合には、講和条約締結、独立、そして国際社会への復帰をスポーツを通じて強調しようとする〝国家的〟見地も強かったことは否定できないが、これを東京に限った場合、安井都知事とその後任の東京都知事にとって、オリンピック招致の成否はその担当した東京都政の成否にかかわるものであり、戦後の都政そのものの実績ないし評価の決算的事業としての把握があった」

なるほど、戦後の招致活動の真の狙いは、都知事の都政の実績を明らかにすることにあったのである。

しかし、それでは、早くも一九五二年にオリンピック招致を言いだした安井都知事の都政とはどんなものだったのだろうか？　昭和三十七年刊の『安井誠一郎小伝』を読むかぎりでは、安井の都政の基本方針は「明日の百より今日の五十」ということに尽きるようだ。

「税をおさめてくれる事業体はほとんど潰滅状態のところへもってきて、『食糧をよこせ』『住まいをくれろ』という人ばかりふえていたのだ。机の上でどんなみごとな復興計画の作文をしてみたところで、手の施せるような現実ではなかったのである。

そこで私は、この際一番いましめなくてはならないのは、まちがっても震災復興の方式にならうなということだった。（中略）一物もなく焼きはらわれた原っぱは、将来の東京の青写真をひくにはもってこいである。道をひろげるのも、大下水道を掘るのも思いのままだ。その一つを完成しただけでも、世の賞賛を浴びて永くわが名をのこすことになるであろう。もしこの機を逃したら、せいぜい元の不

満だらけの東京が再現するだけで、結局私は『無能知事』の烙印を押され、いつまでも非難と嘲りの的にされるにちがいない。さアて――為政者の立場にいる者にとって、これがどんなに強い誘惑であったかは想像願えるだろう。そこへもってきて、部内からはいろいろな建設計画がもち出されてくる。（中略）だが、私は目をつぶって、それらをすべておさえてしまった。（中略）何か計画的建設事業をやるとすれば、それが大きく金を食って、あちこちに干上がるところができ、泣く人が、いや死ぬ人さえも出かねないときだった」

ようするに、安井は、敗戦直後に都市計画を導入しなかったのは応急措置優先の思想による確信犯的政策だったといいたいのである。

しかし、そうはいっても、安井としては、やはり内心忸怩たるものがあったにちがいない。できるものなら改造をやり直したい。だが、大規模な都市改造に着手するには大きな足かせがあった。国の予算が東京都に対して、きわめて冷淡だったのである。これをなんとかしなければならない。そこで安井は、国会に働きかけ、東京は日本の首都なのだから、それに相応しい財政措置を与えるべしという趣旨の特例法「首都建設法」を制定させることに成功する。一九五〇（昭和二十五）年のことである。だが、この特例法は期待したほど国が力を貸してくれず、「死文同然」となって安井を嘆かせる結果に終わる。さらに悪いことには、東京の人口増加のスピードが予想よりもはるかに急ピッチで、応急措置ではどうにも手がつけられないほどの状態が生まれてきた。こうなったら国が全面バックアップせざるをえない思い切った手段に訴えるほかない。ここで出てきたのがオリンピック招致というアイディアである。

オリンピックを開催し、外国人が大挙して東京にくるなら、そして、東京が旧態依然のままであったなら、恥をかくのは国である。国としては大幅な予算を割かざるをえなくなるだろう。ひとことで言えば、安井は、予算不足で断念した復興計画をオリンピックという「外圧」によって強行しようと考えたのである。オリンピック招致は「無能知事」の汚名を甘受した安井のリターンマッチにほかならなかったのである。

だが、オリンピック招致計画は一九六〇年の第十七回大会がローマに決定したことで頓挫する。しかし、安井はあきらめなかった。ただちに、次回大会へ立候補する準備を進める一方で、三選時の公約だった「グレーター東京計画」を推進するための「首都圏整備法」を一九五六年四月に成立させる。しかし、この「首都圏整備法」も東京の爆発的な拡大には追いつけないことがわかってくる。

こうなったら、なにがなんでもオリンピックを招致するほかない。なりふりかまわぬ招致運動が展開された結果、安井の悲願は一九五九年五月、ミュンヘンのIOC総会で一九六四年の第十八回大会の東京開催が決定して、ついに実現を見た。ただ、その一カ月前の都知事選挙で安井は引退し、IOC委員の東龍太郎（あずまりょうたろう）が都知事に当選していた。オリンピック開催は、在任中のリターンマッチを果たせなかった安井の置き土産だったのである。

このことは東京都発行の公式報告書である『第18回オリンピック競技大会東京都報告書』に、東京都議会オリンピック東京大会準備協議実行委員会が都知事にあてた意見書としてはっきりと示されている。

「オリンピック・モーブメントの精神的、教育的価値を強調するだけでは、一九六四年という年に、

東京でオリンピック大会を開催する理由とはならない。われわれの最大の主張は、今日、首都東京が次第に失いつつある都市的機能の欠陥を、この大会を一つの目標として、回復させ充実させることの重要性を指摘するものである。オリンピック東京大会の有無にかかわらず、東京都民が求めているものは、住みよい東京都の建設である。故にこの大会を契機として事業の促進を計ることは都政の大道であり、東京大会の意義の一つをここに見い出すことができる」

やはり、われわれの仮説は正しかったことになる。オリンピックで東京が変わったのではなく、東京を変えるためにオリンピックを行ったのである。オリンピックは、外国人に恥をさらしたくないという日本人の羞恥心をいたく刺激したがゆえに、首都改造の格好の口実となったのである。

それはすぐに、東京都だけではなく、日本の国是となる。日本は戦争には負けたが、オリンピック開催では勝ったと世界に認めさせたい。「世界に恥ずかしくないオリンピックを」が全国民のスローガンになる。安井都知事のリターンマッチとして考え出されたオリンピックは、いまや日本国民のリターンマッチとなったのである。

*

だが、リターンマッチを申し入れたわりには、東京の現状はお粗末なものだった。まず、直接的な競技施設だけにかぎっても、現状に改修を加えればそのまま使えるのは、開会式と閉会式、陸上競技に予定されているメイン会場の明治神宮外苑陸上競技場（二〇一五年に解体された旧国立競技場）くらいで、その他の施設に至っては、予定とちがって、ほとんどが一から建設しなければならなかった。そ

こで、さまざまな候補地を物色したあげく、世田谷区と目黒区にまたがる駒沢公園地区を第二会場とすることに決定した。これが今日の駒沢オリンピック公園である。東映フライヤーズのフランチャイズだった駒沢球場はこのとき姿を消した。

これによって、競技施設の問題の第一の難所は解決を見たが、もう一つ、最大の難所が残っていた。選手村の問題である。

組織委員会は当初、選手村として埼玉県朝霞の米軍基地キャンプ・ドレイクを予定していた。同じ米軍基地でも旧陸軍の代々木練兵場があったワシントンハイツのほうが最適であることは自明だったが、まさかこちらを返還してもらえるとは思わなかったのである。

ところが、一九六一年五月九日、在日米軍は突如、キャンプ・ドレイクを返還する意思がないことを通告してきた。これは組織委員会にとって青天の霹靂(へきれき)だった。朝霞がダメならすべての予定が狂ってくる。ところが、ライシャワー大使は、意外にも、ワシントンハイツなら全面返還してもいいといってきたのである。在日米軍としてはオリンピックが開かれる神宮外苑のすぐ横に広大な米軍基地があることを世界中に知らせることは得策ではないと判断したようだ。結局、日米安保条約に基づく日米合同委員会で、ワシントンハイツの全面返還の合意が成立し、組織委員会は最大の難所をなんとか切り抜けることができたのである。

過日、取材を兼ねて、オリンピック選手村のあとに造られた代々木公園を歩いてみたが、その広大さにあらためて驚いた。緑は豊かで、ひろびろとして気持ちがよい。当時の『朝日新聞』は、ワシントンハイツ跡の選手村の様子をこう伝えている。

1964年東京オリンピックの選手村の予定地となったワシントンハイツ
山田菊雄編『オリンピックを迎える首都東京の展望』自由報知新聞社　昭和36（1961）年

「全面芝生、その中に環状道路、これに沿って米軍が使っていたコテージ風の平屋と二階建が約二百五十戸、ゆったりした間隔で建っている。四階建のアパート十四むねが明治神宮よりの北端に並ぶうちアパート四むねで女子村を作る。総計三千三百の部屋数、七千九百人を収容できる。三人一室もあるし、個室もある。大体二人で一室の割りである。（中略）宿舎は米軍将校用だったのでまず申し分ない」

この朝日の記事から感じられるのは、密集した狭い民家に暮らしている日本人に比べて、アメリカ人はなんと素晴らしい環境に住んでいることかという羨望の念と、それがそのまま選手村に使えてよかったという安堵感である。事実、選手村は施設、設備、食事、運営とも大好評で、選手たちは好印象を抱いて日本をあとにした。

今日、このオリンピック選手村を偲ぶよすがとして、代々木公園内に、一軒だけ、平屋のコテージが保存されているが、どうやらまったく管理がされていないらしく、完全に廃屋と化していた。すぐわきにゴミ集積所があるせいか、カラスの大群が我が物顔にのし歩いていて、陰惨な印象を与える。女子村とし

て建設された鉄筋アパートは平成三年までオリンピック記念青少年総合センターとして研修生の宿舎用に使われていたが、いまでは取り壊されて近代的な建物が建っている。

＊

ところで、何度もいうように、オリンピックの招致は、東京を全面的に改造するための口実であった。そこで、東京都は、開催が決定すると、国の全面的支援を得てまっさきに環境整備に着手したが、それは大きくわけると次のようになる。道路の整備、上下水道の整備、衛生対策、清掃対策、首都美化運動、宿泊施設対策などである。

⑴道路整備

オリンピックは道路整備のための口実だったから、なによりもこれが最優先された。

一般道路からいくと、まず神宮外苑周辺と駒沢公園を結ぶオリンピック大動脈としての放射四号（青山通り・国道二四六）とそれと交差する環状七号。神宮外苑の周囲を走る環状三号（外苑東通り）と環状四号（外苑西通り）、放射二二号（六本木通り）。ワシントンハイツ跡地の代々木の選手村と新宿御苑を囲む放射二三号、補助五三号、渋谷一二号などが、新たに開通したり幅員を大幅に拡張したりした。

六〇年代後半から、青山、赤坂、六本木、原宿、渋谷などが新たな盛り場として勃興したのは、この道路整備の影響が大きかったと見ることができる。古い建物が撤去されて道幅が広げられ、新しく完成した道路沿いには新しいビルが建ち、流行の店が次々に誕生したのである。青山通りと六本木通

り、それと交差する外苑西通りと東通りはその典型である。

また赤坂見附、渋谷駅、新宿駅などでは立体交差が取り入れられ、従来とはまったく異なるランドスケープが誕生したことも特筆されてよい。外国人観光客相手の国際ホテルもほとんどがこれらのオリンピック道路沿いに建設された。そのため、これらのオリンピック道路の沿線はそれまでの東京にはなかったようなモダンな景観を呈するようになる。東京の盛り場の西漸化現象は、オリンピック施設が東京の西南に塊（かた）まっていたため、こちら方面の道路が優先整備されたことが直接の原因だったのである。それに対し、オリンピック関連施設が少なかった東部・北部は道路整備が遅れ、発展から見放されることになる。

しかし、東京の道路環境になによりも重要な影響を与えたのは首都高速道路の建設だろう。都市を巡る城壁跡に建てられたヨーロッパの高速道路とは異なり、首都高速道路は都心の内部を走る世界に類を見ない高速道路だったため、江戸の名残を残す東京の都市景観が完全に変わってしまったからである。

この首都高速道路に関しては、現在、批判も多い。片側二車線のため、いったん事故が起きると、激しい渋滞が生じる。江戸橋付近の内環状への不合理な合流のせいで慢性的な渋滞が起きている。騒音、振動、排気ガスなどの公害。江戸の象徴だった日本橋の上に高速道路を走らせた。オリンピック施設へのランプを優先させたため、出入りに合理性がない。河川都市だった東京を台無しにした等々。

私はこれまで、これらの弊害はすべて、東京オリンピックを目指して一気に首都高速を造ってしまったことに起因すると考えていた。すなわち、用地買収費を浮かせるため、既存道路と既存河川の上

に行き当たりばったりに高架を巡らせたと思っていたのだが、調べてみると、これは一人の都市計画専門家が三十年間暖めてきたプランに拠るものだということがわかってきた。その人物とは、東京都建設局計画部長、首都整備局長として、オリンピック前後の十二年間にわたって東京の都市計画を担当した山田正男である。

御厨貴責任編集『シリーズ　東京を考える3　都庁のしくみ』（都市出版）には「オリンピックと山田正男」と題した塚田博康の論文が載っているが、これによると、首都高速道路はおろかオリンピック関連道路のほとんどは「都庁の天皇」と呼ばれたこの山田正男のプランに基づくものであるという。東大の工学部を出て内務省に入った昭和十二年から、山田はいちはやくモータリゼーション時代を予見して道路計画を研究し始めた。内務省の上司の石川栄耀（ひであき）（後の東京の復興事業を手掛けた都庁の名物官僚）の指示で昭和十三年に「東京高速道路網」の構想を打ち出した。その路線は内環状といい、四本の放射線（現在の一、二、三、四号線に相当）といい、現在の首都高速とおどろくほど似ている。塚田博康はこの事実を発見して、こう指摘している。

「こうして見てくると、一九六〇年代に展開された東京の道路関係の都市計画は、一九三〇年代後半に山田氏の頭のなかで描かれたさまざまなデッサンを東京というカンバスに具象化した結果とさえ思える」

オリンピックを口実にした都市改造は、大本は安井誠一郎、細部は山田正男の、二人の男のグランドデザインになったものだったのである。パリ大改造にたとえれば、ナポレオン三世に当たるのが安井誠一郎、オスマンに相当するのが山田正男ということになる。バルザックのパリを破壊したとオス

首都高速道路が上にかかる前の日本橋
山田菊雄編『オリンピックを迎える首都東京の展望』 自由報知新聞社 昭和36（1961）年

マンに対して今日でも批判が強いように、日本橋を始めとする江戸情緒を消滅させた山田の首都高速にも批判はある。しかし、この批判に対し山田は「ニホン（二本）橋なんだから（上下に橋がかかっていても）いいじゃないか」と笑い飛ばしたという。彼が唯一、自分の失策と認めるのは山手通りの上を走る中環状線をつくらなかったことだという。これがあれば内環状が現在のように混まなかったというわけだ。しかし、いずれにしても首都高速が美意識に基づく道路でないことは確かである。この点が、ヨーロッパの都市計画家と日本のそれの違いなのだろう。しかし、これこそは致命的な差異なのである。

(2)下水道

東京オリンピックが決まったとき、当局者が一番困難を予想したのが下水道の問題だった。というのも、東京の下水道の普及率は二十三パーセン

トにすぎず、六号環状の内部でも完全には普及していなかった。どの家庭でも屎尿はくみ取り便所で、便槽に溜まった屎尿をバキュームカーで回収していた。これらの屎尿が撒き散らす悪臭は、今日では想像がつかないほどにすさまじく、当局者は、東京を訪れた外国人が鼻をつまんで顔をしかめる図を想像しては冷汗をかいていた。

また、外国人観光客が、クラッチングスタイルのくみ取り式和式便所におぞけをふるう姿も当局者の悪夢となった。「恥ずかしくないオリンピックを」のスローガンからすると、これは最も恥ずかしい東京の姿だったからである。だが、下水道は道路に管渠を埋設しなければならないので、費用、期間からいって都内全域に下水道を普及させることは不可能だった。

「そこで、区域を限って重点的に整備を進めることにしたが取り上げられた区域は、オリンピック主競技場、選手村を含み、外国人の行動範囲であると考えられる環状六号線の内側全域である」(塚田博康)

ここでもまたオリンピック関連の東京西部が最優先されたわけである。西部発展の「下部構造」はこのときに用意されたことになる。

⑶上水道

上水道は下水道に比べて普及率が高く、それほどの困難はないものと予想されていたが、東京の人口の増加は予想をはるかに超えたピッチで進んだ。昭和十五年に七百万人だった人口は昭和二十年の敗戦時に半分の三百五十万人にまで落ち込んだが、戦後、一途に増加を続け、昭和三十七年についに一千万人を突破して世界最大の都市となってしまったのである。その結果、水需給のバランスが崩

れ、肝心の原水が不足するという事態を招いた。実際、記憶を新たにすると、オリンピック直前の新聞の紙面のほとんどは深刻な水不足と断水を訴える記事で埋まっていた。オリンピック直前の都知事選挙でも争点は給水だったような気がする。この重大問題に正面から取り組んだのが、当時、東知事のもとで副知事をつとめていた鈴木俊一氏（後の東京都知事）である。鈴木氏は筆者のインタビューに答えて、当時の苦労を次のように語られた。

「あのころは水の問題が非常に深刻だったんです。東京は奥多摩に小河内ダムというのをつくって、そこから給水していたんですが、ここは、東京の人口を五百万人としか想定していない。ところが人口一千万人になってしまったんで、多摩川の水だけでは足りなくなった。そこで、建設省と協議して利根川から水をもらうということになったんですが、オリンピックまでにはとうてい工事が間に合わないということがわかった。そのため、急遽、利根川から武蔵水路で水を回し、それを荒川の少し下流で汲み上げ、それを朝霞の浄水場できれいにして東京にもってくることにしたんです。ところが、この計画も間に合わなくなった。そこで窮余の一策として利根川の水が入らないうちに荒川から水を汲み上げて、東村山の浄水場に送ることにしたんです。反対もあったんですが、建設大臣の河野一郎さんの鶴の一声で、なんとか実現しました。ぎりぎり間に合ったわけです」

「オリンピックまでに間に合わせる」という至上命令で、当時の日本人は不可能を可能にしてしまったのである。まさに挙国一致、打って一丸となって、の意気込みだったのだ。

⑷ 衛生問題

今日の「清潔の帝国」日本では想像がつきかねるが、当局者が内心一番恐れていたのが、衛生問題、とりわけ伝染病の蔓延だった。もし外国人が大挙押し寄せた中に伝染病が発生したら、日本の面目はまる潰れということで、当局はこの問題に神経をとがらせていた。関係者の検便は徹底しておこなわれた。『朝日新聞』には「赤痢＝八月から出入り業者、売店の売り子など四千二百人を三回検便、四月から一般飲食関係者延べ十五万人、バー、キャバレー、風俗従業員など延べ十二万四千人を検便」とある。

また、美化運動として「ゴミをポイ捨てしない」「立ち小便しない」キャンペーンが展開されていたことも今昔の感がある。当時、欧米では、道路にゴミ一つ落ちていないのに日本人は公衆道徳に欠けると学校で教えられたことを思い出す。

もう一つ当局がひそかに心配していたのは、外国人が利用するであろうトルコ風呂（現在のソープランド）での性病感染の問題である。同じく『朝日新聞』の記事には「性病予防＝五月からオリンピック関係者千人、バー、キャバレー、ホテル従業員など九千人に血液検査をする」とある。これなど、今日だったら人権問題になるところである。

しかし、トルコ風呂などよりも当局が頭を悩ませたのは、ホテルや選手村に集まってくる娼婦の群れだった。『週刊現代』などは選手村やホテルに出没する娼婦と警備陣のイタチごっこを何度も取りあげている。

また一方ではこんな記事もある。「オリンピックともなると、十三万とか十五万人とかいわれる、

大変な数の外国人が日本にやって来ます。ところが、日本の女性の貞操が、これらの外人に犯されるおそれがあると、東京都庁では大わらわ。この七月八日には、オリンピックのための『風紀問題都民大会』まで開いて、現在、この〝外人のコワさ〟についてPRを、大いにもりあげているのですが」(『週刊現代』)。「日本女性の貞操」とは、今昔の感に堪えない表現である。

⑸宿泊施設

道路問題や下水問題もさることながら、オリンピック開催で大きなネックになっていたのが、東京の宿泊施設の問題だった。というのも、まだこの頃には、洋式の入浴施設とトイレを備えたホテルがごく少数しかなく、大部分が和式の旅館だったからである。いまになってみると、外国人は和式旅館でも案外平気で楽しむことがわかっているが、当時は「生活習慣の相違から大部分の旅館は外客収容に不適当」(『第18回オリンピック競技大会東京都報告書』)という考え方が強かったのである。

そのため、外国人向けに風呂や便所を改造し、ベッドを備えた「改造旅館」を調達したり、東京湾に客船を浮かべて、これをホテル代わりに使用するなどの応急措置を講じた。さらに、洋式の設備のある民間の個人家庭に希望する外国人を宿泊させる「民泊」が採用され、希望家庭を募集した。そのさいの条件の中に「便所は、和洋は問わないが、水洗式であること」、「和洋を問わず風呂場があること」の条項があることが注目される。便所と風呂の二つが日本的「恥」の象徴だったのである。

しかし、大局から見ると恐れていたようなベッド不足は起こらず、また日本側が案じていた風呂、便所への苦情も少なかった。日本人の「恥」の意識が強すぎたのである。

それはともあれ、日本のホテル事情は、オリンピックを機に大きく変わった。それを象徴するのが、オリンピック直前の九月に、一千人を収容する日本最大のホテルとして開業したホテルニューオータニである。ホテルを建設したのは、富山から裸一貫で上京し、相撲取りをへて大谷重工業を興した立志伝中の人、大谷米太郎である。地鎮祭から、なんと十七カ月の突貫工事で完成。当時、フロントの最前線に立ち、観光客と応対していた現ホテルニューオータニ専務取締役の甲田浩氏は、失敗談として次のような思い出を披露された。

「ルーム・サービスでバケット・オブ・アイスを持ってこいという注文に、ブリキのバケツに氷を入れて持っていってしまったというような笑い話もありましたね。日本人のお客様にはバスタブとトイレの使い方を説明したパンフレットを作って配りました。浴衣やスリッパでロビーを歩き回る方もいらっしゃいましたが、一般的にいうと、当時は日本人のお客様も気を張っていらっしゃいましたから、肉料理が出たとき芥子とお醬油をもってこいっていうような方はおられませんでした。第一、当時と今では、ホテルの匂いがちがいます。どこでも一流ホテルに入ってゆくと、葉巻の匂いがしたものです」

出来たてのニューオータニには外国の匂いが満ちていた。それこそがオリンピックの匂いだったのである。

*

大会終了後、各国の新聞に東京オリンピックの反響が出たが、もっとも一般的だったのは、『デン

マーク・エクストラ・ブラーデット』紙の次のような記事だった。

「半年前東京を訪れ、今再び、来日する人達は目をこすって見ても自分の見ているものを信じることが出来ないだろう」

東京オリンピックですべてが変わり、東京はかつての東京でなくなったが、いまや西暦二〇〇〇年、そのオリンピックもはるか遠くになりつつある。廃墟となって朽ち果てた選手村のコテージが過ぎ去った年月の長さを思わせる。去年(こぞ)の雪、いずくにありや。

(『Sports Graphic Number PLUS』二〇〇〇年五月、文藝春秋)

〔後記。その後二〇一三年に二度目の東京オリンピック開催が決まり、東京はまたまた建設ラッシュに沸いている。現に私の住む賃貸マンションも地上げに遭い、現在、新居を探して、奔走中である。〕

Ⅰ　失われた東京を求めて

神田神保町

だから神保町が好きだ！

〝神田の古本屋街〟だから、当然、神田駅周辺にあるのだ!?

神田神保町のことを〝古老〟として回想する日が来るとは思わなかったが、しかしほとんど半世紀近くこの町とつき合っているのだから、やはり、これはまぎれもない「古老の回想」というほかはないだろう。

神保町を初めて訪れたのは、一九六八年の三月だったと記憶する。なんとか大学に合格し、受験のプレッシャーから解放されたので、ひとつ、話に聞く神田の古本屋街というものを見てやれと思い立って、勇んで横浜から出てきたのである。

ところが、神田の古本屋街というからには、「それは国電（今のＪＲ）神田駅近くにある」と思い込

む、という大失策をやらかした。

こういう人はずいぶんいるようで、私以外にも同じような体験をした人の思い出を読んだことがある。

神田駅前をうろうろしたが、それらしき古本屋街などまったく見当たらない……。行き当たりばったり歩いていたら、大手町のサンケイホール前に出て、さらに進むとお堀端が現れた。

これはいくらなんでもまずいと駅前に引き返して、タバコ屋のおばさんに「神田の古本屋街というのはどこにあるのですか?」と正直に尋ねると、靖国通りを指し「その通りを真っすぐ行けばいいのよ」と教えてくれた。

礼を言って歩き始めたが、行けども行けどもそれらしきものは見当たらない。おかしいなと思っているうちに、現在のブックプラザー源喜堂書店のあたりにたどり着いた(神田小川町方面)。みると、そのまわりに何軒か古書店がある。今はないが当時は数こそ少なけれ、四、五軒かたまってあったのだ。「ふーむ、これが噂に聞く神田の古本屋街か! 意外に少ないんだな……」と思い、その四、五軒を見ただけで、また神田駅のほうに引き返してしまったのである。

『徒然草』の第五十二段「仁和寺にある法師」の話と同じで、「石清水」を神田神保町と置き換えれば、そっくり私の話となる。「すこしのことにも、先達はあらまほしき事なり」である。

じつを言うと、その前に神田古書店街の近くまで来たことはあった。大学を落ちたと思ったので御茶ノ水駅で降りて、駿台予備校には願書を取りに行っているのだが、まさか「神田の古書店街」というのが、駿河台の坂を下りていくだけとは思いもしなかったのである。

神田といえば神田駅としか連想できない田舎者の悲しさである。都営六号線が開通して神保町駅ができるのはそれからだいぶあとのことだ。

トロツキーの『革命裸像』が、百円均一からの初の掘り出し物

神保町に頻繁に通い出したのは、一九六九年の九月からアテネ・フランスに登録してからのことである。午前中の授業が終わると、男坂か女坂を下って猿楽町に出て、日大経済学部の裏にあったコンボというジャズ喫茶に入って時間を潰したあと、ウニタ書店という左翼系の書店をのぞいて新左翼各党派の機関紙を買う。その後、古書店街を水道橋近くから虱潰し（しらみ）に歩いて、これはと思うような本をチェックした。

その頃は、学生の身分だから百円均一の箱が専門だったが、あるとき、トロツキーの『我が生涯』の部分訳が『革命裸像』というタイトルで翻訳されているのを見つけた。出版元は北原白秋の弟が経営していたアルスという出版社。翻訳者は青野季吉。これは、私が百円均一の箱から見つけた記念すべき最初の掘り出し物となった。

一九七〇年に本郷の仏文科に進学してからは、授業が終わると、友人たちと連れ立って、東京堂書店の二階にフランスの新刊書を見に行った。この頃はまだ、東京堂は戦前に建てられた木造二階の立派な建物で、中央奥の階段を上ると、ガルニエ・クラシックの黄色い表紙が壁を埋めていた。「いずれ、このガルニエ・クラシックを全部読んでみたいものだ」と思ったが、やんぬるかな、その願いは未だかなえられていない。

東京堂を出ると、次は田村書店の二階をのぞくのがお決まりのコースとなった。まだ、文学作品のテクストさえろくに読んでいないのに、研究書のあれがいいとかこれがいいとか仏文仲間とドーダ合戦をしたものだ。

大学院に進んでからは本格的に田村書店の二階に日参するようになった。初めて大枚を叩いて購入したのはファスケル&フラマリオン書店の『ゴンクールの日記』全四巻で、これにはその後もずいぶんとお世話になった。十九世紀後半の固有名詞でどんな辞書にも出ていない人名や店の名前が索引にちゃんと出ているからである。

この『ゴンクールの日記』購入をきっかけにして、店主の奥平智さんと話をするようになった。私の初期の古書学的知識のほとんどは奥平さんから得たものである。

地上げにも負けなかった、神保町の底力に胸をなでおろす

その後、一九七八年から共立女子大に勤務するようになってからは、ほとんど毎週のように田村書店に通って古書を贖うようになった。同僚だった河盛好蔵さんの「本は身銭を切って買わないと血肉にならない」という金言を実践していたのである。

田村書店の外観

ただ、最初のうちは研究書の古本だったからまだよかったが、『子供より古書が大事と思いたい』（青土社）に記したような経緯をたどって十九世紀の本格的な古書にのめりこむよ

うになると、田村書店への借金も半端な額ではなくなっていった。奥平さんは、私の引き延ばし作戦にもよく耐え、我慢してくれたと思う。感謝、感謝である。

共立女子大には結局、三十年間勤務し、その後は明治大学に移って神保町の移り変わりを見てきたわけだが、バブル全盛期には、神保町全体が地上げされて消滅してしまうのではないかと真剣に心配したものである。

さくら通りを共立女子大三号館に向かっていく途中に、優雅なアールデコ様式を残した映画館「東洋キネマ」の建物がまだ残っていたが、八〇年代の末は、ここが地上げ戦争の舞台となり、あの宮崎学氏が暗躍したという話を後に聞いた。

だが、すんでのところでバブルが崩壊してくれたおかげで、古書店街は奇跡的に残ったのである。

二〇〇三年、私は長年住み慣れた横浜を離れ、神田神保町のマンションに引っ越した。執筆が忙しくなり、通勤の時間が取れなくなったので、職住近接を試みたのである。

実際、住んでみると、神保町は素晴らしいところだった。物書きにとってなによりもうれしいのは、なにか緊急に必要な本ができたとき、すぐに買いに行けるということだ。

たとえば、成島柳北（なるしまりゅうほく）の事を書いていて、急に永井荷風の柳北伝が必要になったが、折あしく日曜だったので大学の図書館は閉まっている。

時計を見ると午後五時四十五分。そういえば、永井荷風全集二十五巻がたしか七千円の定価で大雲堂書店の店の前に並べてあったはず。

よし、今からなら間に合う。こうして駆けつけて永井荷風全集全二十五巻を買ってきた。たった数

行の記述が欲しいために、である。

しかし、あまりに便利すぎるためか、本の増殖が半端ではなくなった。さくら通りに八坪の事務所を借りたのが、横浜から引っ越すそもそものきっかけとなったのだが、そのうちにすぐにここは満杯になり、次はすずらん通りに昭和三十八年に建ったビルの三階に移転。十四坪だった。だが、これも一年半で満杯になったため、今度は同じフロアーの二十坪の部屋に引っ越した。ところが、余裕ができるとすぐに本を買い増しする悪い癖が出て、なんとここも満杯に……。つまり、神田神保町にいる限り、本は無限に増殖してゆくのである。

その原因の最たるものは、金曜日と土曜日に東京古書会館の地下で開かれる古書市である。この空間は一種のタイムマシンで、百年くらいの幅なら、簡単にタイムトラベルしてしまう。

たとえば、『THE NIKKAN JIJISHASHIN』というグラフ速報の昭和十二年五月三十日号。そこには「露出狂時代!!」というキャッチコピーとともに湘南海岸で水着姿をさらすモダンガールたちが写っている。

これだけではなにも感じない人でも、その発行年月日を日本史年表と突き合わせてみれば、驚きの声を挙げるに違いない。というのもそれから一カ月もしない七月七日には盧溝橋事件が勃発しているからだ。

つまり、泥沼の戦争に足を突っ込む直前の日本は、空前の資本主義的繁栄を謳歌し、都会や海水浴場にはモガ・モボが闊歩していたのである。

満州事変以来、日本は軍事独裁の暗闇の中にあったという戦後の左翼史観は大ウソだということが

わかる。古書会館に通えば、このように、歴史に直に触れることができるのである。

くせになる旨いカレーと、香しい一杯の珈琲が至極の時

こうして、大いなる収穫をかかえて、次はどこに向かうかといえば、古書会館の真ん前の明治大学リバティタワー最上階のラウンジ。意外に知られていないが、ここは明治大学教職員でなくとも利用できる。東京の全景が一望のもとに見渡せる最高の穴場である。

料金は多少高めだが、眺望代を含むと思えば我慢できる。ただし、土曜日は休みなので、その場合は十七階の学生食堂へ。ここからの皇居方面への眺めは素晴らしく、晴れた日には富士山も見える。

しかし、いかに眺望がよくとも、やはりおいしくなければという方は、神田神保町名物の各種カレー屋がお勧めである。好みにもよるが、私が開店以来、三十年以上も通っているのは神田古書センターのボンディ。

そして、カレーのあとは、なぜかコーヒーが飲みたくなるが、その場合には、これまた三十年来、神田伯剌西爾(ぶらじる)と決まっている。禁煙席も用意されているので、タバコが苦手な人でも、いわゆる〝カフェ系〟ではない本格的なコーヒーを味わうことができる。

今は、増えすぎた古書の収納場所を求めて神田神保町を離れて、渋谷区に住んでいるが、最低週に一回は神田神保町に出向く。

そして、そのたびに、「巨万の富を得たら、いずれここに帰ってくるからな、それまで待っててくれよ」と呟くのである。

（『神保町公式ガイドVol. 3　2012–2013』、神田古書店連盟発行、メディア・パル発売、二〇一二年）

古書の街ディズニーランド化計画

神田神保町の目抜き（?）といわれる「すずらん通り」に事務所を設けて早三年、その前に「さくら通り」に一年いたから、神保町に居座ってもう四年になる。

締め切りを連日こなさなければならない関係で、事務所にはほぼ毎晩泊まり込みの態勢となり、衣食住のすべてを神保町でまかなっているから、いやでも、街のすみずみまで通暁することとなる。

こうした定住体験ゆえか、神保町に対する見方ははなはだ辛口のものにならざるをえない。「古書の街」としての神保町はいま大きな転機を迎えているのに、誰もそれに気づいていないように見えるからだ。

理由は、バブル崩壊に始まる劇的な社会の変化に街の構造がついていけなくなっていることに尽きる。神保町はバブル時に激しい地上げ攻勢を受けたが、それに意外なほど頑強に抵抗し、生き延びたことが、逆に、いま大きな試練にさらされる原因になっているのだ。皮肉なものである。

まず、神保町はインターネット時代への対応がかなり遅れている点を挙げなくてはならない。地方の古書店は、客が足を運んでくれる機会が少ないこともあり、インターネット対応はかなり早かったが、神保町は「古書の街」という誇りがあるためか、ネット検索システムの構築に消極的だった。他

店と価格を比較されるのをいやがるとか、店主がカンピューターを信じ過ぎるとか、あるいは店主が老齢でパソコンを操作できないとか、いろいろと理由があるだろうが、とにかく、いまのところ、神保町の全店網羅的な検索体制は確立されていないのである。

いちおう「じんぼう」という検索網は存在するのだが、他のに比べると、はなはだ弱体ではある。私は仕事の関係上、毎日のように古書検索をしている（もちろん、和書）のだが、「日本の古本屋」や「スーパー源氏」、「高原書店」でヒットすることはあっても、「じんぼう」ではめったにヒットしない。もっとも、いずれこうした弱点は克服されるだろう。そうせざるをえないからだ。

じつは、危機はもっと別なところにある。

それは、古書の総売り上げが年々、減少していることである。神保町のどの店でも、バブル時の四割減、あるいは半減といったところか。神保町に恵比須顔の店主は一人もいない。みんな、どうしたらいいんだろうという浮かぬ顔をしている。

神保町の売り上げグラフは、新刊本の売り上げ減少カーブと見事なくらい軌を一にしている。新刊本が売れなくなっても古書は売れるということはないのだ。日本人が本を読まなくなっている傾向は古書の世界にも押し寄せているのである。

にもかかわらず、神保町には本書（『吟遊書人　神田神保町古書街ガイド』）のような古書マニア相手のムックが溢れ、次々に新しいタイプの古書店が開店している。

これはいったい何を意味しているのだろうか？

古書マニアブームではあっても、古書ブームではないということだ。古書店主になりたがる人間は

増えていても、古書を買いたがる人間は確実に減っているということである。これは、新刊本業界で「カラオケ現象」と呼ばれているのとよく似ている。カラオケでは、歌いたい人ばかりで聞きたい人が一人もいないが、新刊本業界でも、本を書きたいという人ばかり多くて読みたいという人がいないのである。

その一方で、ここ数年、神保町の地価は確実に上昇している。私が事務所を借りた四年前には、家賃は底値だったが、ここに来て再び、貸手市場に転じている。それというのも、古くて借り手のつかないビルや木造家屋がどんどん取り壊されてインテリジェント・ビルに替わっているからである。ひとことでいえば、売り上げが落ち、家賃が上昇に転じているので、古書店のような零細企業は経営がどんどん難しくなっているということである。

では、神保町はどこに活路を求めればいいのか？

それは「古書の街」という神話性（イメージ）を生かした街づくり以外にない。神保町に来れば、どんな本でも手に入るという「幻想」を人々の心に育てると同時に、タイムマシンに乗って失われた桃源郷に遊ぶことという「楽しさ」を発見させなければならない。わかりやすくいえば、「古書のディズニーランド」への脱皮を図るということなのだ。

ところが、現実の神保町は「日曜祭日に休業するアミューズメントパーク」でしかない。神保町はもはや大学城下町ではなく（学生も教師も古書は買わない）、事実上、オタク街になっているのに、営業体制はオタク用にはできていない。オタクには日曜しか休日はない。その日曜にほとんどの店がシャッターを閉じているのである。

神保町の店主たちは、オタクのメッカ中野ブロードウェイの盛況に見習うべきである。中野ブロードウェイでは、売り上げの半分以上を土日でまかなうというではないか。

神保町の住人として、あえて苦言を呈する次第である。


（『吟遊書人　神田神保町古書街ガイド』、毎日新聞社、二〇〇六年）

「昨日の平凡」を求めて

原点食堂の仁義がうれしい

東京のように日々の移ろいが激しい町では、「昨日の平凡」はたちまち「今日の貴重」になってしまう。明治・大正はいうは愚か、川本三郎氏がいみじくも「戦後のベル・エポック」と名づけた昭和三十年代のなつかしい風景ですらも、すでに「東京博物館」に並べられるに十分な資格を有する珍しい景観になりつつある。とりわけ神田神保町界隈は、地上げによる変貌が著しく、ほんの数年前までは看板建築に代表される戦前の木造三階建て建築群がほぼ完全に残っていたのに、いまではそれも数えるほどに減少して、全滅も時間の問題である。東洋キネマも高岡商会もすでにない。だが、商店の内部に一歩足を踏みいれると、そこにはまだ「昭和三十年代」がひそかに息づいている。

たとえば、すずらん通りにある一軒の中華料理店。この店は、ファサードに特徴がないので建築探偵たちの興味をひきつけることはないが、一歩店内に入ったとたん、確実に昭和三十年代、あるいは

もっと古い昭和の初めの時代にタイム・スリップすることができる。中年以上の人なら「そうそう、昔の中華料理店ってこんなだったんだよな」という言葉が口をついてでるはずである。それかあらぬか、客層もどことなく昭和三十年代風である。とにかく、この店はインテリアというモダンな思想と正面から対決しようというその姿勢がいさぎよい。赤い紙に黄色い字で書かれた値段表が壁に張ってあるだけで、装飾といったら日本損害保険協会の防火ポスターが一枚あるきりである。しかも、このポスターはどんなに油まみれになろうと一年間は張られっぱなしである。十年程前初めてこの店に入ったときには、数ヵ月前に自殺したアイドル歌手のポスターが張ってあったので、二百七十円（現在では値上りして三百三十円）のラーメンをすすりながら、いまは亡きアイドル・スターとご対面して奇妙な気分になったことを覚えている。ついでに言っておけば、シンメトリックな中国名のご主人が作るこの店の料理は、その格安さを考慮にいれなくとも十分にうまい。そのせいか、昼は十二時に行ってもすでに満席である。なお、具体的な店名を出さないのは、なにかをおもんぱかったためではなく、どこにも店名が掲げられていないので、こうしか書きようがないのである〔後記。「栄華楼」と判明。逢坂剛氏の御教示による〕。

この中華料理店のファサードはなんの魅力もないが、すずらん通りをはさんで斜め向かいの中華料理店は、今日では絶滅寸前の「正調派中華料理店」のファサードを見せている。つまり、中華風の赤い木枠でガラス・ドアとショー・ウィンドーを囲ったあれである。ショー・ウィンドーにラーメンやチャーハンの臘細工のサンプルが埃まみれのままおいてあるのも好ましい。ついこのあいだまでは、これが中華料理店の標準的なファサードだったのだ。だが、この赤枠ファサードも、もはや「今日の

貴重」になろうとしている。げんに、震災前は東京で唯一の中華街だったというこのすずらん通りにも、こうした「正調派中華料理店」はここだけになっている〔後記。「楽々」と判明。同じく逢坂剛氏の御教示による〕。

ところで、思い返せば、昭和三十年代の食堂は、どこも、椅子は客が腰掛けるためにだけ、またテーブルは料理を食べるためにだけあり、また客のほうでも食事の雰囲気がどうのこうのと面倒なことはいっさい言わなかったものである。つまり、この時代の食堂は、「安くてうまい、そして早い」という、ただ一点だけで勝負していたのである。私はひそかに、外食という食行為の原点に立つこうした昭和三十年代型の食堂を「原点食堂」と名づけているのだが、じつはこの呼び名にふさわしい食堂が近くにもう一軒存在している。

それは「キッチン山田屋」という洋食堂で、すずらん通りを通り抜け、書泉ブックマートの角を曲がって錦町方面に少し行ったところにある。この「キッチン山田屋」は、モス・グリーンの看板建築自体もなかなかの見物だが、その一階も白のペンキ塗りの引き戸という往年の典型的洋食屋スタイルを踏襲していて、いやがうえにもノスタルジーを掻き立ててくれる。おそらく、大正の末に一世を風靡した「須田町食堂」は、こんな感じだったにちがいない。引き戸はガタピシしているが、入口にかかった「キッチン・ヤマダ・洋食」の白暖簾は清潔で、志の高さを十分に示している。中に入ったのは十二時五分だったが、二十席ほどの座席はすでに満席で空席は一つしか残っていない。油の滲みこんだ壁には、ラシャ紙に書かれた様々なヴァリエーションのランチやセットのメニューが所狭しと張られている。これも写真で見る「須田町食堂」スタイルそのものである。調理はご主人、給仕は奥さ

ん一人というのも、原点食堂の理念に忠実でなかなかよろしい。「ハンバーグ・カニ足コロッケ・ホタテフライ。ライス・みそ汁・おしんこ付き六八〇円」の「スペシャル・フライ」を注文して待つこと二十分。いまだに料理が到着しない。それどころか、まだだれのところにも料理が来ていない。みんな、腕組みをして、所在なげに店内を見まわしている。ようやく十二時三十分になって最初の人の料理が運ばれた。どうやら、今風に言うところの、アフター・オーダー方式らしい。その後は、ほぼ一分間隔で出来上がった料理が奥さんによって手際よく給仕されていく。私は二十番目の客だったので、オーダーした料理は正確に二十分後に到着。ここでは、あとから注文した客の料理が先に出てくるような「不公平」は決してない。これも原点食堂特有の仁義である。料理は、四十五分待った甲斐があってたいへんおいしかった。

看板もショー・ウィンドーも不思議

さて、すっかり満腹になったことだし、コーヒーでもと思って外に出ると、すぐ隣に「桃牧舎」という奇妙な名前の喫茶店があった。扉には、円形のリングの中に桃をあしらった、じつに見事な金の薄浮き彫りが張り付けられている。「事情により当分の間休業いたします」という張紙がしてあるが、特別の雰囲気のある装飾なので立ち去り難く、ふと上を見上げると、なにやら不思議なオブジェが二階からぶらさがっている。すこし離れたところから目を凝らすと、「桃牧舎」という看板の下にピンク色の巨大な桃が、おなじく金のリングの中に吊るされている。思わず「ユーリカ!」という言葉が口をついて出た。いままで、十数年この道を歩いていながら、こんな素晴らしいオブジェを見過ごし

ていたとは！　それだけではない。戦前風の看板建築のファサードにも、なにか模様のようなものがあるようだ。通りの反対に渡ってよくよく見ると、さらに桃のレリーフをファサード壁の三ヵ所に発見。また、文字の落ちた看板にも「桃牧舎牛乳店」という字をはっきりと読み取ることができた。ここまで「大発見」をした以上は、どうあっても、店の由来を聞かねばすまないという気持ちになってきた。閉店中だったが、中で人の気配がするのでドアをノックしてみたところ、幸い、マスターがいらっしゃって、お話をうかがうことができた。それによると、建物ができたのは昭和の五年で、最初は看板通り、牛乳屋をやっていたが、のちにミルク・ホールに転業し、戦後、喫茶店になったという。桃のオブジェは、二十年前、発泡スチロールで作らせたもので、扉の金細工は、オブジェのリングをくりぬいた残りを利用しているとのこと。

この「桃オブジェ」と金細工なら、相対的価値ではなく絶対的価値でも十分「東京博物館」に収める値うちがあると、少し興奮気味に考えながら、通りを皇居方面に進むと、二、三軒先の洋品店「ダン」の上にも、またもや見事な看板建築があった。屋根裏の三連のドーマーといい二階のコリント式円柱といい、看板建築にしてはかなりの凝りようである。

凝ったドーマーといえば、忘れてはならないのが、さきほどのすずらん通りにある「三慶商店」である。この店の屋根は、ちょっと日本ではお目にかかれない見事な勾配を見せていることで知られているが、真の見物は、むしろそのショー・ウィンドーだろう。というのも、楽器屋のはずなのに、ショー・ウィンドーにはウクレレやギターのほかに、囲碁の道具、中古のタイプライター、壺、ガラス食器、さらにはグローブまで飾ってあるからだ。これはいったいなんなのだと思ったが、二軒先の古

美術商の看板を見て、はたと膝を打った。ようするに古美術商「三慶古美術」と百貨楽器「三慶商店」は経営母体が同じで、おそらく店の奥でつながっているのだろう。

この三慶商店を初めとして、すずらん通りには、中古の楽器屋が多いが、さきほどの無名の中華料理店の横にある「ツルオカピアノ」は、昭和三十年代ファンを夢見心地にさそう場所である。というのも、ここには昔の小学校の教室に置かれていたようなオルガンやピアノがずらりと並べられていて、音を介して往時にタイム・スリップできるからだ。ご主人のお話によると、店の一番奥にある「Castle」ブランドのピアノは、すでに生産中止になったこの店のオリジナル商品だそうである。

しかし、こうした商店はデパートではないので、見るだけではなんとなく悪いような気持になる。そこへいくと先程の「三慶商店」のようなショー・ウィンドーは、いくら眺めていても文句はいわれないのでまことに都合がいい。そんなわけで、どこかに面白いショー・ウィンドーはないかと探していたところ、ありましたありました。靖国通りが首都高速と交わる手前のかの有名な「九段下ビル」。「震災復興を記念する建物」とさる建築探偵がその発見に雀躍したというこのビルのまん中に、なんとも摩訶不思議なショー・ウィンドーがある。商店自体はタバコとかパンとかを売っているのだが、ショー・ウィンドーには記章やバッジ、メダルのほかに、警帽風の帽子と、警棒、それに労働組合がストライキをするときに腕にまく「団結」の文字入りの腕章、あるいは日本大学応援団のペナント、報道関係者用の「PHOTO」の腕章など、不思議な商品が飾ってある。どれも、陽に当たって色があせているが、アンチックではなさそうである。念のためと思って店の看板を見たら「バッジ・腕章官庁付属品」という字が読み取れた。さらに店の奥をのぞくと、古めかしい陳列ケースの中に記章やバ

ッジが並べてある。どうやら本業だけではやっていけないので、食料品も扱うようになったらしい。きっといまでも、いざストライキとなったら、労組員はここへ「団結」の腕章を買いにくるのだろう。それにしても「団結」と警棒を同じ店で売っているとは！

ところで、今回は看板建築についてはあまり触れることができなかったが、ひとつ大変な名建築を見つけたので、最後にこれだけはご報告しておきたい。九段下交差点から水道橋方面にいく途中にある出版社「西田書店」の建物がそれである。緑青のはえた二階部分の「凸」型装飾もじつに見事だが、一階部分のファサードの保存状態が素晴らしい。前々から探していた『ベンヤミンの肖像』という本のポスターが張られていたので、なんたる僥倖かと中に入ったら、経営者ご夫婦がじつに感じのいい方で、建物の由来まで聞かせていただいた。震災直後の大正十三年の建立というから、これこそは「東京博物館」にふさわしい建物ではなかろうか。

このほか、博物館クラスのものとしては、西神田のカトリック神田教会、それに我が共立女子大横のお稲荷さんなどがあったが、すでに枚数もつきた。でも、神保町界隈って、まだまだ不思議なものが残っていて面白いなあ！

（『東京人』一九九三年九月号、都市出版）

〔後記。二〇一七年現在、カトリック神田教会と共立女子大横のお稲荷さんを除いて、言及した建物はすべて姿を消した。〕

蒐集家の、業の深さ

一般に、マニアが集うディープな店では、「二割八割」の法則で商品が動いているといわれる。すなわち、顧客のうちコアな二割の客が商品の八割を買い上げているという法則である。

ところが、多くの中古ビデオ屋が群れ集う神田神保町において最もディープなマニア店であるこの「えいがDo」では「二割八割」どころか「一割九割」、いや、より正確にいうと「一分九割九分」の法則がまかり通っている。つまり、顧客の一パーセントの人間が店の九十九パーセントを買っているのりである。

その一パーセントには入りそうもないいい加減な常連である私は、しかし、この法則が紛れもない真実であることを知っている。

だが、それを確かめることのできるのは、一日のうちの数十分間、極端にいえば数分間に過ぎない。午後五時半頃、店に現れる数人の常連が、店長の仕入れてきたばかりの超レアもののビデオ（数万円は当たり前、ときには十万円を超えるものもある）に殺到し、ほとんど値段も聞かずに激しく買い争っているのである。

この時間帯を過ぎると、店はどこにでもある普通の中古ビデオ屋に変わる。のんびりとした店内に間の抜けた音楽が響き、だれもここが神保町一のコアな店だとは気づかない。

だが、その例外的な数分間の現場に立ち会ったことのある人は、マニアというものの業の深さを知って慄然とするにちがいない。

「真の蒐集家にとって、一冊の古書を手に入れることはその本が生まれかわることです。そしてまさにこの点が子供っぽいところでありますが、その子供っぽさが、蒐集家の内面では老人的なところと融合しているのです。（中略）古い世界を新しくする――これは、新しいものを獲得するという蒐集家の希望のうちでもっとも深奥なる衝動であります」

ベンヤミンのこの言葉が真実であることを確認するには、「えいがＤｏ」に足を運ぶしかないのである。

（『東京人』二〇〇六年六月号、都市出版）

〔後記。当然ながら、この店もとうに消滅。〕

新宿

ゴダールと催涙ガスの匂いにつつまれて

一九六八年の四月、私は東京大学教養学部の門をくぐった。当時まだエリート校だった神奈川県立湘南高校から東大に入ったのは六十人。同じクラスからは私を含めて三人が入学している。

そのうちの一人U君と、安田講堂の入学式に出席した帰り、御茶ノ水駅脇のビヤホールで落ち合って、中央線の線路を見下ろしながら、これから何をするかを語りあったことをよく覚えている。

チャタレー裁判で勇名をはせた東京高検検事を父に持つU君は法学部進学の文科一類、私は文学部・教育学部に通じる文科三類だったが、二人とも完全なノン・ポリ（政治的に無関心な層）で、入学式の行われた安田講堂の入口に塊って「医学部処分撤回・入学式粉砕」を叫んでいた赤いヘルメット姿の学生たちを見ても、とくに感動することもなく、「他人のために、よくもまあ、あんなに一生懸

命できるな」とシニカルな感想を述べあっていた。

二人の口をついて出るのは車、女の子、ヴァン・ジャケット、アルバイト、モダン・ジャズ、夏休みの旅行の予定など、明るく楽しい享楽的な学生生活のことばかりで、政治的な話題は皆無。

それから九ヵ月後、スト解除を目指して民青系学生が開いた教養学部代議員大会の会場の駒場寮食堂で、U君と私がヘルメットをかぶって棒切れで殴り合う仲になろうとは神のみぞ知る。U君は、その後、法学部に進学し、司法試験を目指したが、二度目の不合格を苦に自殺している。

駒場では、フランス語未習クラスの一つであるL3・10組に振り分けられた。フランス語未習はたしか7・8・9・10の四クラスで、前年度よりも一クラス分増えていたと思う。クラス担任はフランス語の井村順一助教授。専門はフランス語学とモリエールで、週に二回のフランス語文法を担当。フランス語の外文（レクチュール）クラスは比較文学の芳賀徹助教授だった。ストライキ解除の後には、滝田文彦、菅野昭正、蓮實重彦の各先生にフランス語を習った。思えば、この時代が東大教養のフランス語研究室の黄金時代だった。

もっとも、私は初めから仏文科に進もうと考えていたわけではない。

入学当初は、高校時代にZ会の国語で一番を取ったのと『平家物語』を通読したことが自慢だったこともあって国文進学が第一希望。しばらくして、英文に方向転換した。こちらは三笠書房版の文学全集で『響きと怒り』を読んで以来、ウィリアム・フォークナーにのめりこみ、春休みから原書で『八月の光』を読もうと悪戦苦闘していたからだ。

では、フランス文学はというと、新潮社から出ていた「現代フランス文学13人集」でサロート、ビ

ユトール、ロブ＝グリエ、クロード・シモンなどのヌーヴォー・ロマン系の作家を知る一方、中央公論版「世界文学全集」でセリーヌの『夜の果ての旅』を読んでいたので、決して関心がなかったわけではなかったが、自分には仏文は向いていないと思っていた。

理由は簡単で、授業が始まってみると、フランス語の語学的才能がゼロであると判明したからである。英語も努力した割には進歩が見られなかったが、フランス語はさらに相性が悪く、早くも「だめだ、こりゃ」の状態になっていた。連休明けに行われた最初の語学テストでは、かなり勉強したつもりなのに惨憺たる成績で、百点満点で四十五点。仏文は進学最低点が高いという噂なので、この調子では、学科の枠に入るのはとうてい無理のような気がした。

とはいえ、時代の空気の中には「おふらんす」の香りが至るところで漂っていたので、心の方だけはどんどんフランスに傾斜していった。

「一九六八年的フランス」の象徴、ゴダール／ベルモンド

その最たるものは、次々に輸入されるフランスのヌーヴェル・ヴァーグの映画だった。

なかでも前年度に公開されたゴダールの『気狂いピエロ』は、当時、多少ともフランス文学に憧れを持つ学生なら泣いて喜ぶような細部に満ちているため、圧倒的な喝采を持って迎えられた。

まず主人公ジャン＝ポール・ベルモンドの役名がフェルディナンなのはセリーヌの『夜の果ての旅』を連想させたし、ベルモンドがアンナ・カリーナと一緒に暮らす地中海の無人島で海に沈む夕陽を見る場面にかぶさる詩は、ランボーの『地獄の季節』の一節、「見つかった。何が？　永遠が。海

とけあう太陽が」だった。とりわけ、後者の詩は今になってみると、いささか気恥ずかしくなるような「まんまの選択」だが、このときには、だれも地中海の夕陽なんぞというものを見たことがなかったし、詩といえばランボー以外にはないと信じていたから、「オー、これぞ、ランボーの詩そのものの映像！」とうっとりとしたのである。

しかし、そんな細部よりも多くの学生の心を捉えたのは、なんといってもベルモンドのトンボ眼鏡とカスケットである。この二つのアイテムこそ、フランス的なカッコよさの見本のように思えたのである。

実際、多少とも反抗的でいきがっている学生はみな『気狂いピエロ』のベルモンドに痺れ、この二つのアイテムをそろえたいと思っていた。なにを隠そう、私もその一人で、夏休みになる前にトンボ眼鏡とカスケットを買い揃えると、ベルモンドがアメリカの水兵相手にアメリカ人を演じてコカ・コーラをラッパ飲みしながら「ニュウヨウク、コカコウラ」と叫ぶ場面の真似をして、友人の前で形態模写をやって見せたものである。

そう、まさにゴダール／ベルモンドこそが「一九六八年的フランス」の象徴であった。

なぜなら、ゴダール／ベルモンドには、『巴里祭』『巴里の屋根の下』など往年のフランス名画に代表される古き良きフランス、我々の教師たちの世代が憧れ、主題歌のシャンソンを口ずさんでいた「おふらんす」とは完全に性質を異にするウルトラ・モダンなフランス、反体制的であってもダサくないフランスが強く感じられたからである。

ゴダール／ベルモンドのカッコよさはまた、一九六〇年代前半のハリウッド映画のスターのそれと

も別種のものだった。どこが違うかといえば、ゴダール／ベルモンドにはハリウッド・スターには絶対にない不良っぽいインテリジェンスのようなものが感じられたことである。渋谷や新宿のモダン・ジャズ喫茶のトイレには決まってこの『気狂いピエロ』のポスターが張ってあり、用を足すたびにトンボ眼鏡のベルモンドとの対峙を強いられた。

では、この『気狂いピエロ』を好んで繰り返し上映していた映画館はどこかといえば、それは新宿角筈（つのはず）の「シネマ新宿」に止めを刺す。

「シネマ新宿」は明治通りを挟んで伊勢丹のちょうど反対側のビルの地下にあり、五十人も入れば満員になってしまう極端に小さな映画館だった。普通の地下室を無理やり映画館にしたらしく、画面向かって左側には太い角柱が二本デーンとそびえていて、満員立ち見の状態になると柱で画面がほとんど見えなくなるというひどい構造の映画館だったが、上映しているのは厳しい映画ファンをも「ふーむ」と唸らせずにはおかない飛び切りの名作揃いだった。当時にしては珍しく、一本立ての上映で、入場料はどこよりも安かったから、貧乏学生には人気があった。

私は高校一年生だった一九六五年の七月に新宿厚生年金会館にスタン・ゲッツのコンサートを聴きに行ったついでに、この映画館を発見して狂喜した。上映していたのはジョン・スタージェス監督の『老人と海』で、映画自体はそれほど面白くはなかったが、家で購読していた『毎日新聞』の映画欄には「シネマ新宿」の広告が出ていなかったので、「こんな映画館が新宿にあったんだ」と、幻の映画館の発見に興奮した。入場料は当時でも格安の百円だった。『気狂いピエロ』の上映頻度という点ではこの「シネマ新宿」がダントツだったのではないか。私の記憶の中では「シネマ新宿」は『気狂

いピエロ』のイメージとともにある。

新宿の洋画系名画座として忘れてはならないのが新宿日活オスカー（いまの丸井の場所）の五階にあった「日活名画座」。和田誠さんが無給でデザインを担当していたこともあり、ポスターがやたらにスタイリッシュだったのが印象に残っている。ただし、「日活名画座」はゲイのハッテン場として有名で、後ろの鉄柵のところには決して立ってはいけないと事情通の友人に忠告されたものである。

フランス名画の封切り館として思い出が深いのは「シネマ新宿」の隣の隣にあった「新宿文化」。「日劇地下」と並ぶ日本アート・シアター・ギルドの封切り館で、三島由紀夫の『憂国』は高校生のときにここで見た。ブニュエルの『小間使の日記』、ゴダールの『男性・女性』『アルファヴィル』など、上映されていたのが白黒映画ばかりだったせいか、黒一色の館内の装飾もあいまって、「モノクロのフランス」の印象が強い。

いっぽう丸井の裏側にあった「新宿ローヤル」では、ジャン＝ピエール・メルヴィルの『サムライ』やジョルジュ・ロートネルの『牝猫と現金（げんなま）』などのフィルム・ノワールをよく拾った。それともう一つ、古いアート・シアター系映画がよく上映されたのが「新宿紀伊國屋ホール」。『水の中のナイフ』や『尼僧ヨアンナ』などのポーランド映画を見ている。

「おふらんす野郎」と「左翼青年」

新宿紀伊國屋といえば、われわれフランス系人間にとって貴重な情報源だったのが、四階洋書部の棚。平積みで置かれたガリマール書店やエディション・ド・ミニュイ社のフランス綴じの本を、ただ

ペーパー・ナイフで切ってみたいために、ろくに読めもしないのに何冊か購入し、かすかに匂う紙の匂いにうっとりとしたものである。

しかし、フランス語はavoirの活用の段階までしか行っていない我々にとって、「おふらんす」の香りを強く感じたのは、むしろ、二階の翻訳書の棚だった。

一九六八年当時、生意気盛りの我々に最も強烈にアピールしていたのは、現代思潮社の本である。まず、第一に挙げなければならないのは、ロートレアモンの『マルドロールの歌』（栗田勇訳）。白地に黒い絵の具が流れたようなデザインの箱に入った堅い黒表紙のこの本は、栗津潔装丁の傑作の一つで、価格がこの時代にしては六百五十円と破格だったにもかかわらず、若者の心を強く惹きつけていた。私は四月の最初の授業のあと新宿に出て、紀伊國屋でこの本を買おうかどうかさんざん迷ったあげく、結局、駒場の生協で買うことにした。生協なら一割引きで買えたからである。後に、『マルドロールの歌』は、横尾忠則のキッチュな装丁に変わったが、私としては粟津潔装丁に愛着がある。

装丁といえば決まって思い出すのが、ジョルジュ・バタイユの『無神学大全』や『有罪者』（ともに出口裕弘訳）。タイトルのカッコよさに加えて、箱入り装丁の素晴らしさが我々を魅了し、それを本棚に置いておくだけで、バタイユの猥雑にして高邁な思想が頭に入ってくるような錯覚にとらわれたものである。

現代思潮社の本は、その惹句がまことに秀逸で、いまだに空で暗唱できるほどだ。

「V（ヴァギナ）‐P（ペニス）の二元論的空間は廃絶され、A（エイナス）‐O（オーラル）を結ぶ無限円筒空間、ここに現出する」（『稲垣足穂大全』のパンフレット）

「指が囁き、腕が呟く」（美學校開校の言葉）

現代思潮社は、澁澤龍彦訳のマルキ・ド・サド『悪徳の栄え』で裁判を抱えていた関係からサド賛美者のシュルレアリストの本を多く出していたが、もう一つの柱はトロツキズムとアナーキズムで、「トロツキー全集」や「バクーニン全集」、それにサヴィンコフの『蒼ざめた馬』『黒馬を見たり』などの社会革命党（エス・エル）関係、マフノなどの農民アナーキストなど、ようするに反スターリニズム（反スタ）の左翼本なら、なんでもかんでも翻訳していたのである。

入学したてのときには完全なノン・ポリで、駒場キャンパスの三叉路でマイク片手に集会への参加を呼びかける中核、革マル、反帝学評（社青同解放派）、フロント、社学同ML派などの新左翼各派の主張にはまだ無関心でいた私も、現代思潮社のアナ・ボル関係本に接するうち、気分的にかなり左傾化し、一端の反スタ文学青年を気取るようになっていた。

この時の心理を、私は、モダン・ジャズのビル・パーキンスがイーストコースト二人とウェストコースト三人の混成コンボで作った名作アルバム『二度東、三度西』のタイトルに準（なぞら）えて、「二度左翼、三度文学」とうそぶいていた。ようするに、本来ノン・ポリだった私のような享楽型の文学青年まで、現代思潮社経由のアナ・ボル・反スタの波に洗われるうちに左傾化し、関心の比重が次第に左翼思想に向かっていたのである。ただ、それでもまだ、この時には「文学」の方に「一度」分は重くかかっていた。

ところが、五月に入り、パリで五月革命が起こったというニュースが届くころになると、この割合が逆転し、「二度文学、三度左翼」の時代がやってくる。

とくに三派全学連の中でも国際派を標榜し、フランスの社学同とも連携を取っていると称していた共産主義者同盟（ブント）が、その拠点校であった明治と中央の学生を集めて「神田カルチェラタン闘争」を開始したあたりからは、「フランス的なるもの」と「反スタ左翼」が完全に一体化し、フランスに肩入れする者はすべからく反スタ左翼であるべしという雰囲気が生まれる。東大仏文を始めとして、どの大学でも仏文は新左翼の拠点となり、さらに言うなら、革マル（東大・早稲田・学習院）かブント（明治・中央・明治学院・青山学院）に色分けされてくる。

また、「神田カルチェラタン闘争」の影響かどうかは知らないが、それまではボーダー柄のシャツにベレー帽という「おふらんす野郎」が闊歩していたお茶の水のアテネ・フランセや日仏会館にまで、五月革命の英雄「赤毛のダニー」を気取った長髪にジーパンの薄汚い左翼青年が出入りするようになり、いまだ輸入されていないゴダールの毛沢東主義的アジプロ（アジテーション・プロパガンダ）映画『中国女』を一刻も早く見たいがためにシネ・クラブを組織しようという動きが出てくる。神田、お茶の水界隈はゴダールの『東風』に加えて、催涙ガスの匂いが強くただよう街になっていったのである。

もっとも、そんな最中にあっても、駒場の教養学部にはまだまだ牧歌的な雰囲気が残っていて、左翼運動よりも、女の子との付き合いを優先する軟派学生が圧倒的多数派だった。げんに私も、現代思潮社の反スタ左翼本に読み耽る一方、わけもなく女の子の体にさわれるというので東大ダンス部主催の社交ダンス練習会に日参し、東京女子大や日本女子大の女子大生たちと楽しくブルースやジルバに興じていた。心は左に傾いていても、肉体はしっかりと右に残っていたのだ。

情勢が一気に変わり、東大が全国の学生運動の覇権争いの戦場となるのは、一九六八年六月十五日

の安保闘争記念日に医学部ブントを中心とする全共闘が安田講堂を占拠してからのことである。

以後、しばらくは新左翼的であることとフランス的であることの蜜月の時代が続く。私も、気がついたら、仏文を志望し、街頭に繰り出しては機動隊に突っ込んだり、民青系のゲバルト部隊と乱闘を繰り返すようになっていたのである。

（『東京人』二〇〇五年七月号、都市出版）

神楽坂

神楽坂がプチ・フランスになった理由

ウィークデイの午後四時頃、ひさしぶりに日仏学院横の逢坂を下って、外濠通りを飯田橋方面に歩いていたら、一瞬「ここは日本か？」というような情景に出くわした。

あきらかにフランス人と思われる小学生が母親に連れられて何組もこちらに歩いてくる。中には、パリの高級住宅地の下校風景と同じで、東南アジア系のメイドさんに付き添ってもらっている子供たちもいる。これなら、わざわざパリに行かなくてもフランスの下校風景の映画が撮れるのではないか。

もっとも、三十年前に私が日仏学院に通っていたときも、似たような情景がなかったわけではない。というのも、その時代からフランス人の子弟が通うリセ・フランコ・ジャポネは富士見町にあり、下校時間になると飯田橋駅付近がフランス人で溢れていたからだ。ただ、大きく違う点もある。

まず規模の問題。飯田橋駅周辺のフランス人密集度は、この十年で格段に高くなっているのである。もう一つは定住性の問題。三十年前は、下校時にフランス人が飯田橋駅周辺に群がっても、その後は電車に乗ってどこかに消えていた。つまり、フランス人の密集度が高いのは朝夕の送り迎え時間のみであり、定住者は思いのほか少なかったということができる。

第三はリバーサイド（右岸・左岸）の問題。セーヌ川と違って、神田川は早稲田から神田に向かって流れている。だから飯田橋でこれと合流する外濠（牛込濠）の富士見側が右岸、神楽坂が左岸と考えられるが、三十年前には左岸にはフランス人定住者はほとんどいなかった。それがいまではどうだ！左岸はフランス人租界（フレンチ・クウォーターないしはプチ・フランス）と呼んでも大袈裟ではないほどになっている。

それればかりではない。神楽坂周辺には細い路地裏にまでフレンチ・レストランが雨後のタケノコのように誕生し、いまや二十軒あまり。ワイン・バーその他のフレンチ系を含めれば三十軒になんなんとしている。右岸にもかなりの数のフレンチ・レストランがあるので、右岸、左岸、それに九段周辺も含めれば、フランスの地方都市よりも多いフレンチ・レストランがこの界隈に蝟集していることになる。いったい、このフレンチ・クウォーターはいつ、いかなる原因によって形成されたのか？これは、フランスでメシを食わせてもらっている物書きとしては放ってはおけない問題ではなかろうか？

外濠左岸のフレンチ・クウォーター

衆目の一致するところ、飯田橋の両岸にフレンチ・クウォーターが形成されたのは、左岸の新宿区

市谷船河原町に東京日仏学院（アンスティチュ・フランセ東京）が、右岸の千代田区富士見町にリセ・フランコ・ジャポネが存在しているためである。

とりわけ、フランス人子弟のほとんどが通う小学部と中高等部を擁するリセ・フランコ・ジャポネの存在は大きい（二〇一二年からは東京国際フランス学園と改称し、北区滝野川に移転）。子供を通わせるとなったら、学校近くに住むほうがいいに決まっているからだ。これは、実際に飯田橋周辺に居住するか、あるいは店を出している人の証言からも明らかである。

たとえば、神楽坂フレンチの名を高からしめたレストラン「ル・クロ・モンマルトル」のオーナー・ソムリエ、デュラン・ジャニックさんは、子供が学齢期に達し、リセ・フランコ・ジャポネに通い出したことが、この地に開業する決め手となったと語っている。コニャックの産地シャラント・マルティーム県のロワイヤン市出身のジャニックさんが来日するきっかけとなったのは、パリの二ツ星レストランでソムリエ長として働いているとき、パティシエの研修に来ていた日本人の奥さんと知り合って結婚したこと。七年間ホテルオークラの「ベル・エポック」でソムリエとして働いた後独立、一九九八年に神楽坂に「ル・クロ・モンマルトル」を開店した。ちなみに、「クロ」というのはワイン畑のこと。昔は「ル・クロ・モンマルトル」という銘柄でワインがモンマルトルから出荷されていたのである。神楽坂がモンマルトルに似ているので、こう命名したのだそうだ。

このように、リセ・フランコ・ジャポネが近いということが神楽坂のフレンチ・クウォーター化の主たる原因であることは分かったが、しかし、よく考えてみると、一つの疑問が生じる。リセ・フランコ・ジャポネは一九七六年から富士見町にあったのに、フレンチ・クウォーター化したのは九五年

以後である。それは何故なのか？

これは、私の個人的体験からある程度、答えを割り出すことはできる。私が東京日仏学院に通い出したのは一九七二年春のこと。大学院を受けたが不合格となり、一からフランス語をやり直すために日仏学院に登録したのだ。その後、博士課程を終える七八年まで断続的に日仏学院に通い、七六年からは通信教育部の添削指導員になった。そのかたわら東京理科大の非常勤講師も務めていたので、週に何回かは飯田橋に出掛ける必要が生まれたのである。

そこで、いっそ飯田橋に引っ越そうかと考え、不動産屋を当たったのだが、賃貸マンションがほとんどなかったので、引っ越しはあきらめた。これは、東京理科大の十五階の教室から神楽坂の街を見下ろしたときに、改めて確認できた事実でもある。当時、神楽坂の家々はほとんどが屋根には黒い瓦を載せた仕舞屋で、上から眺めると街全体が真っ黒に見えた。ゆえに、この時代には、たとえフランス人がリセ・フランコ・ジャポネの隣接地ということで神楽坂辺りを物色しても、彼らが望むようなアメニティを備えたマンションは見つけられなかったのである。

では、一九九五年頃に急激な変化が訪れたのはなぜかといえば、それはバブルとその崩壊で、不動産情勢が一変したからにほかならない。まず、神楽坂の料亭のいくつかが後継者難と遺産相続問題で廃業していったこと。また日仏学院の後背地にあった戦前からの大邸宅が、これまた遺産相続の関係で取り壊され、敷地が売りに出されたこと。つまり、これらの大型の敷地に次々にマンションが建設され、外国人でも住むことのできる環境が整ったのである。

もう一つの理由は、地価下落をにらんだフランス資本がこの頃から日本進出を企てたため、それら

の企業に働くフランス人が激増したことがあげられる。日産と資本提携したルノー、大型スーパーのカルフール、ファッションや香水のブランドなど、一九九〇年代後半に日本進出を果たしたフランス企業は枚挙に暇がないほどである。

これら企業の社員の多くは家族連れだったから、必然的にリセ・フランコ・ジャポネの入学者数は増大した。同校のホームページをのぞくと、一九九七年から生徒数が一年で五十人ずつ増加したため、他に校舎を求めざるを得なくなったとある。

すなわち、学齢期の子供を抱えたフランス人の定住者が急増し、みながみなリセ・フランコ・ジャポネの隣接地を求めた結果、マンション建設で収容力を増した神楽坂と日仏学院の後背地がこの需要を受け止め、新たなフレンチ・クウォーターが出来上がったというわけである。

だが、不動産的に需要と供給がマッチしたとしても、左岸にフランス系新住民が激増した現象はそれだけで説明がつくわけではない。神楽坂とその周辺がフランス人の住居美学に合っていなかったら、こうした急激な人口移動も起こらなかったのではないかと思われるのだ。その選択には美学的な理由も介在しているにちがいない。

まず、多くの人が指摘するのは、神楽坂が花街ということで細い路地が入り組んで迷路のようになっているという特徴。これはニューヨーク的な碁盤目状都市を嫌い、教会を中心とした放射状の迷路都市を好むフランス人にはたしかにピッタリである。

もう一つは、神楽坂周辺には幅広の大きな道路がなく、街全体がある種の統一性を持ってコンパクトにまとまっている点。フランス人は無限に郊外に広がるロスアンゼルス的なバカでかい都市を嫌う

のである。

三番目の、そして最も大きな理由は外濠の存在である。フランスの美しい都市はほとんど川を中心にして発達してきているから、川のある風景というのはフランス人の郷愁をそそるのだ。東京の川は上に高速道路が走り醜くなっているが、飯田橋から市ヶ谷にかけては辛うじてこの風景破壊を免れているので、外濠をセーヌやローヌに見立てて楽しむことができるのである。

フランス人を惹きつけるゲニウス・ロキ

以上、神楽坂側の左岸にニュー・フレンチ・クウォーターが出来上がった現象を現実的な理由から解説してみたが、しかし、もう一つ、地域集団の形成には、ときとして超自然的なゲニウス・ロキ（地霊）が働くことがあるのを忘れてはならない。

そう、飯田橋近辺には、たしかにフランス人を惹きつけてやまないゲニウス・ロキのようなものが存在するのである。その証明には、一見、フランス性とは無縁そうな二つの大学を取り上げるのがいい。東京理科大学と法政大学である。

東京理科大は一見、フランスとは何の関係もないように思える。しかし、ホームページで沿革を辿ると、フランスが創立におおいにかかわっていたことがわかる。

「本学の前身、東京物理学校は明治十四年に設立されました。それより四年前に東京大学が発足し、理学部での物理学はフランス人教師がフランス語で講義していたので、仏語物理学科と称し、三年間程続きました」

この三年間に学んだ卒業生が理学の普及を目指して創設したのが東京物理学校なのである。これは、当時の風潮、すなわち日本のモデルとすべき近代国家が英仏からドイツに切り替わり、とくに理科系教育はドイツ一辺倒になっていく時代風潮の中に置くと、異彩を放っていることがわかる。東京理科大は、理科系大学の中で唯一、建学の精神にフランス・マインドを持っている大学なのである。

一八八一年に創立されたとき、東京理科大は、麴町区飯田橋四丁目（いまの飯田橋二丁目）にあった小学校の校舎の一部を使用していた。その後、錦町、九段、本郷、神田今川橋、淡路町、小川町などを転々とし、一九〇六（明治三十九）年に現在の敷地に落ち着いている。つまり、創立の地近くに戻ったのである。

同じようなことは法政大学についてもいえる。法政には現在、フランス文学科は存在せず、フランスと縁のある大学とは言えないが、歴史を溯ると、法政にも仏文科が存在していた時期があることが判明する。一九二二（大正十一）年に法学部が法文学部となったとき、仏文科が設置されたのである。この仏文科は戦後の四七年に法文学部が改組されたときに廃止されたので、知る人は少ないが、ヴィリエ・ド・リラダンやボードレールの名訳で知られる斎藤磯雄は、ここの卒業生である。

そればかりではない。法政大学はもともとフランスとは縁浅からぬ大学なのだ。

「法政大学の歴史をひもとくと、一八八〇年東京法学社の設立にさかのぼります。一八八三年には政府の法律顧問としてフランスから招かれたパリ大学教授ボアソナード博士が教頭に就任しました」

（「法政大学ホームページ」）

これが何を意味するかは明らかだろう。政府の法律顧問だったボアソナードが野に下って東京法学

社の教頭に就任したということは、政府の目指す憲法のモデルがフランスからドイツに切り替わり、フランス系法学は在野に回ったことを表しているのである。

「ホームページ」の年表には、このほか「一八八六（明治十九）年　日仏協会の前身である仏学会によって東京仏学校設立」「一八八九（明治二十二）年　東京法学校と東京仏学校とが合併して、和仏法律学校と改称」とある。ひとことで言えば、法政大学は、日本では数少ないフランス法学の拠点校だったということである。法政の「法」の字は、法律ではなく、法蘭西（ふらんす）からきているそうだ。

この意味で、法政大学は理科系における東京理科大とほぼ同じ位置を占めていたといえる。つまり、現在、外濠を挟んでタワー校舎が聳え立っているこの二つの大学は、明治においては、「親独派」の政府に対抗する在野の「親仏派」だったのである。それが、ともに飯田橋に移転してきたというのは、やはりゲニウス・ロキの招きによるものとしか考えられない。

このように一見、フランスとは縁がなさそうに見える二つの大学でさえ、そこに親仏的なゲニウス・ロキが働いているのだから、直接的にフランスと関係している暁星学園と白百合学園というフランス・カトリック系の学校にそれが作用していないはずがない。

といっても、創立当初からこの二つの学校が富士見町と九段に位置していたわけではない。ともに、何度かの引っ越しを経て、ここに安住の地を見いだしたのである。

暁星学園は、一八八七（明治二十）年にパリに本部をおくマリア会のジョゼフ・シムレル総長が宣教師の日本派遣を決定したことに起源を持つ。八八年、来日したアルフォンス・ヘンリックほか五人の宣教師は、築地教会神学校の一部を借りて家塾を開いた。生徒六名のうち日本人は三名で、他はさ

まざまな国籍の外国人生徒だった。同じ年、ヘンリック師は麴町区元薗町に校舎を見つけ、八月に私立暁星学校および私立外国語専修学校（夜間）の設立を申請、認可された。後者は永井荷風や藤田嗣治らが学び、日本におけるフランス語学校の草分けとなったことはよく知られている。

暁星が現在の富士見町に移転したのは一八九〇（明治二十三）年八月のこと。当時の住居表示では麴町区飯田町三丁目である。この時代には外国人に土地を譲渡することに警戒心が働いていたので、暁星当局は日本人の名義人を立てて、売買契約を結んだという。

では、なにゆえに飯田町が選ばれたのか。たぶんに偶然が作用しているとはいえ、移転のさいに心理的に影響を及ぼしたと推測される一つの要因に「近接性」がある。フランス公使館（後に大使館）が近くに存在していたのである。

現在、フランス大使館は、南麻布四丁目（かつての富士見町）に置かれているが、一八八八（明治二十一）年から一九三三（昭和八）年までは麴町区飯田町一丁目の旧大隈重信邸跡にあった。現在は、千代田区の総合庁舎が建っている敷地である（それ以前は、現在、衆議院議員会館のある永田町二丁目に仮寓。さらに前は港区三田の済海寺）。つまり、戦前はこの土地に四十五年間も居座っていたから、フランス大使館というと、飯田町近辺という認識が普通だったのである。

一方、白百合学園が九段に移ったのは暁星に比べるとかなり遅く、一九二七（昭和二）年で、関東大震災で神田猿楽町の校舎が全焼したためである。白百合学園の設立母体は、シャルトルに本部を持つ聖パウロ修道女会。学校設立自体は一八八一（明治十四）年に童貞女学校内で有志の者にフランス語を教えたのが最初というから、暁星より古い。神田猿楽町が選ばれたのは、オズーフ司教が建てた神

田教会があったためである。一八八四年に校名を女子仏学校とし、一九一〇年に高等女学校として認可を受けて仏英和高等女学校と改称。森鷗外の娘の森茉莉らがここに学んだことはよく知られている。では、仏英和高等女学校が、関東大震災後に、なぜ九段の地に移転したかというと、フランス系カトリック校の暁星のほかに、フランス大使館が飯田町に存在していたという要素がやはり大きかったのではないかと思われる。

ことほどさように、戦前に飯田橋周辺に働いた親仏系のゲニウス・ロキの正体とは、飯田町にあったフランス大使館とほぼ断定してもかまわないのだが、じつは、どうもそれだけではない何かがあるようなのだ。というのも、不思議なことに、そのゲニウス・ロキは、大使館が南麻布に移転したあとも飯田橋付近に働くことになるからだ。

戦後、東京日仏学院がまず市谷船河原町に一九五二年に設立され、次いで、そこが事務局となってリセ・フランコ・ジャポネの前身（暁星学園国際部日仏科）が暁星学園の敷地に設立された。この事情に関しては、東京日仏学院院長補佐の大平奨氏が次のように語っている。

「ちなみにリセの前身はもともと東京日仏学院の中にあったんですよ。（中略）日本に住むフランス人の子女のフランス語教育のために、六六年にリセが出来ました。（中略）場所は暁星の中にありますけれど、運営母体は全く別なんです」

少し大平氏の言葉を補えば、暁星学園国際部日仏科の設立準備が始まったのが一九六六年で、開校は翌六七年の五月である。敷地は暁星の中にあるが、母体となったのは、日仏学院の中に設けられた設立準備会なのだろう。

というわけで、リセ・フランコ・ジャポネの沿革を調べるには、まず東京日仏学院のそれに当たらなければならないことになる。

東京日仏学院がル・コルビュジエの弟子の坂倉準三の設計に基づいて、モダンで瀟洒な姿を市谷船河原町の丘に現したのは一九五一年九月十四日のこと。まだ、二重螺旋構造の本館のみだった。日仏学院のホームページを開くと、開校は五二年の一月十六日となっている。高松宮殿下、吉田茂首相、デジャン駐日フランス大使列席のもと開校式が執り行われたとあるから、新しい語学学校の開校が、日仏両国にとって相当に大きなイヴェントだったことがわかる。

では、そもそもどのような経緯で、戦後のこの時代に日仏学院が誕生したのだろうか？

「東京日仏学院の誕生には、一九二四年設立の財団法人、日仏会館が深く関与しています。一九四九年、東京都に『語学学校』の開設を申請したのは、日仏会館でした。翌五〇年一月二十日、許可は下ります。『昭和二十四年九月三十日付申請の東京日仏学院設置のことを許可する』署名には、安井誠一郎東京都知事の名がありました」（東京日仏学院ホームページ）

普通の人なら、情報はこれで十分だろう。しかし、ゲニウス・ロキにこだわる歴史探偵は満足しない。日仏会館はなにゆえに語学学校の申請を行い、敷地として飯田橋の地を選んだのかということが知りたいのである。

その理由はいくつかある。

一つは、東京におけるフランス語教育の老舗アテネ・フランセとの関係である。

アテネ・フランセは東大仏文科の講師だったジョゼフ・コット氏が一九一三（大正二）年に、錦町

の東京外国語学校の一部を借りて設立した私立学校である。二二（大正十一）年に三崎町に移転、以後、アテネ・フランセといえばこの三崎町の校舎のこととなったが、四五（昭和二十）年の東京大空襲で全焼。戦後、再開に当たって、コット氏は駿河台にあった私立学校の校舎を買い取り、四九年の五月に没するまで学校経営に腐心した。

こうした事実を踏まえると、アテネのすぐ近くにあった日仏会館が語学学校の開設を決意したとき、アテネを買収するという考えを持たなかったのがむしろ不思議に感じられる。創設者のコット氏が没した以上、アテネが東京日仏学院に衣替えしても少しもおかしくはなかったのである。

だが、結果的にアテネは独自路線を歩み、日仏会館は語学学校の設立を申請した。そこにはいったい何があったのだろうか？

これはあくまで想像の域を出ないのだが、理由は二つあったと思われる。

一つは、戦後の語学ブームでアテネの学生数が急増したため、日仏会館の庇護を受けずに私学としてやっていけると判断したのではないか。もう一つは、戦後に設けられた英語科の存在である。英語ブームで英語科はアテネのドル箱となっていたが、フランス政府の管轄に入るとしたら、英語科の存在は大きなネックとなったはずである。

いずれにしろ、アテネは日仏学院とはならなかった。そこで、日仏会館は別の敷地を探さざるを得なくなる。しかし、ではなぜ市谷船河原町の敷地が選ばれたのか？　この謎を解くには、今度は日仏会館という組織の沿革から説き始めなければならない。

明治・大正の親仏派、渋沢栄一

日仏会館が設立されたのは一九二四（大正十三）年のことである。理事長は渋沢栄一。そもそも、日仏会館創立の話が持ち上がったのは、幕末に滞仏経験を持つ渋沢栄一が、一九一九年に来日中のリヨン大学総長ポール・ジュバンを飛鳥山の別邸に招いて午餐会を開いたことによる。このとき、ジュバンから日仏文化交流機関設置の提案があり、渋沢栄一が賛意を示したことで、日仏会館は実現に向かって動き出した。駐日フランス大使にポール・クローデルが赴任し、計画は急速に進む。二四年十二月、日仏会館は、タバコ王として知られる村井吉兵衛の好意で、永田町山王台に隣接する丘上の洋館を無料で借り受け、発足にこぎつけた。

ところが、一九二七（昭和二）年の恐慌で村井吉兵衛の村井銀行が破綻し、洋館の地が府立一中校舎用地として東京府に売却されたため、日仏会館は急遽移転を余儀なくされる。このとき、候補にあがったのが、神田区鈴木町二十六番地の原田熊雄男爵所有の敷地で、結局、この土地が新しい日仏会館の建設地に選ばれた。以後、九〇年に恵比寿に移転するまで、日仏会館は同地にとどまることになる。

さて、これで日仏会館の沿革が理解できたが、では、戦後、日仏会館が東京日仏学院の敷地を探したとき、なにゆえ市谷船河原町が浮上したかといえば、それは、多分に創立者である渋沢栄一のコネクションが影響していたのではないかと想像される。

私がそう感じるには理由がある。二七年に日仏会館が移転先を探したとき、候補地の一つとして渋沢の娘婿である阪谷芳郎男爵邸内の分譲地（小石川原町）が挙がっていたことである。つまり、渋沢は自分の関係しているフランス系団体の土地選びのさいは、身内所有の邸宅の提供を申し出ることが少

なくなかったのである。

この伝で行くと、市谷船河原町が選ばれたのも、渋沢一族の土地が関係してはいないかという推測が成り立つ。そこで浮上してくるのが、渋沢のもう一人の娘婿である穂積陳重（のぶしげ）の息子の重遠（しげとお）が所有していた牛込払方町九番地の邸宅である。なぜなら、この穂積家所有の邸宅は、日仏学院のある逢坂のすぐ上にあるからだ。つまり、戦後、日仏会館が語学学校の敷地を求めたとき、初代会長である渋沢のコネクションをいろいろと当たってみた結果、穂積家の広大な敷地（土地約千二百坪）が候補に挙がった可能性は十分ある。というのも、穂積家の邸宅は、渋沢栄一が、長女歌子が穂積陳重と結婚するさいに持参金代わりに買い与えたもので、建坪が三百三十二坪もある大邸宅だったが、その洋館部分は一九四五年三月の大空襲で焼け落ちていたからだ。日仏会館が敷地候補として打診したことは考えられなくはない。ちなみに、牛込払方町の邸宅に関しては、陳重の孫の穂積重行氏が編んだ『穂積歌子日記　明治一法学者の周辺　一八九〇－一九〇六』（みすず書房）に詳しい。

さて、ここからはまったくの想像になる。穂積家の敷地買収の計画はなんらかの理由で流れたが、たまたま、関係者が逢坂の下を通りかかったところ、市谷船河原町十五番地が空いていることがわかった。実際、法務局で地籍を調べてみると、所有者は明治時代には遠田注となっている。遠田家というのは徳川家定などに脚気治療を施したことで知られる幕府侍医である。遠田注はその子孫なのだろう。ただ、その後、地籍簿では「昭和二十三年・保存」となり、次いで、「昭和二十五年・売買・日仏会館」という記述がくる。「保存」の意味は、所有者の消息が不明となったので大蔵省が地権を「保存」したということか。大蔵省の所有に帰してから日仏会館に売却されたということなのだろう。

また、フランス関係施設の敷地獲得で、渋沢がなんらかの仲介を果たしたのではないかと想像されるものに、二度にわたるフランス大使館の移転がある。

一度目は先に述べたように、一八八八（明治二十一）年永田町二丁目から麹町区飯田町一丁目に移動したもの。二度目は一九三三（昭和八）年の麻布区富士見町への移転。

問題は、移転した先の敷地が、前者は大隈重信邸、後者が徳川義親邸というように、ともに渋沢栄一に非常に親しい人物の所有となっていたことである。すなわち、大隈重信は渋沢栄一が大蔵省入りしたときの上司であり、何度かの紆余曲折を経ながらも、互いに尊敬を忘れない先輩・後輩同士であり続けた仲なので、一八八八年頃に公使館の移転問題が持ち上がったとき、フランス公使が財界で唯一の親仏派である渋沢に相談を持ちかけたとするのは、あり得ない仮定ではない。また、徳川家に関しては、維新前に仕えていた徳川慶喜の関係で、渋沢は徳川家全般の財務顧問のような役割を果たしていたから、クローデル大使から新大使館の敷地選びを相談されたとき、徳川義親邸を紹介した可能性がなきにしもあらずである。このように、フランス関係施設の敷地という観点から見てみると、慶応三（一八六七）年に徳川昭武の随行としてフランスの地を踏んで以来、親仏派として財界をリードし、歴代の公使・大使と親交を結んできた渋沢栄一の直接的・間接的影響は決して少なくない。

案外、飯田橋のゲニウス・ロキは渋沢栄一だったのかもしれないのである。

（『東京人』二〇〇六年四月号、都市出版）

丸の内

岩崎と渋沢の買収合戦——海から陸へ転じた三菱

東京のど真ん中の東京駅周辺で、大規模再開発が始まろうとしている。三菱地所が東京駅日本橋口前で進めている「常盤橋街区再開発プロジェクト」がそれである。千代田区大手町から中央区八重洲にかけての三万千四百平方メートルの土地に二〇一七年から十年がかりでビルを四つ建設しようという一兆円超の大規模プロジェクトだが、中心となるのが高さ三百九十メートルの日本一の超高層ビル（地上六十一階・地下五階）というのだから、東京の巨大ランドマーク誕生となること必至である。三菱地所は金融関係の企業を誘致し、国際金融センターとしてさらに発展させる狙いだ。

ところで、この大計画の主体が三菱地所であると聞くと、東京の再開発史に詳しい人なら、バブル

真っ盛りの一九八八年に同社が発表した「マンハッタン計画」を思い浮かべるかもしれない。旺盛なオフィス需要を受けて、丸の内一帯にニューヨークのマンハッタンに匹敵する超高層ビル街を建てた場合のシミュレーションを行った。ただ、同計画は再開発へと発展することはなかった。

つまり「常盤橋街区再開発プロジェクト」は三十年前の「マンハッタン計画」をバージョンアップさせた三菱地所の再挑戦と見ることもできるわけだが、しかし、私のような渋沢栄一の伝記作者からすると、常盤橋という地名（渋沢栄一の銅像が常盤橋公園に建っている）から、どうしても想起せざるをえないエピソードがある。一八八八（明治二十一）年の市区改正計画（都市計画）で浮上した丸の内一帯の陸軍用地一括払い下げを巡る三菱・岩崎弥之助と渋沢栄一・有力実業家連合との確執である。

十万坪百五十万円一括払い

しかし、こう書くと「丸の内陸軍用地は、時の大蔵大臣・松方正義が岩崎弥之助に頼み込んで、一括払い下げを引き受けさせた土地で、岩崎弥之助は『ナニ、竹を植えて、虎でも飼うさ』と笑ったというエピソードを聞いたことがある」と疑問を呈する人がいるだろう。たしかに、それは『岩崎彌之助 下巻』に記された逸話なのだが、しかし、同書や他の資料に当たってみると、そこにはもっと生臭い実業家同士の暗闘が隠されているのである。

とはいえ、三菱vs渋沢連合軍の「陸上の戦い」について語るには、その前史としての同じ組み合わせの「海上の戦い」について簡単に触れておかなくてはならないだろう。

時は西南戦争直後の一八七八（明治十一）年。岩崎弥太郎によって向島の料亭に招かれた渋沢は屋

形船の中で会社経営を巡る資本主義大論争を始めてしまい、「二人で手を組んで日本の実業界を思いのままに動かそう」という岩崎の誘いをはね付けて席を立つ。やがて両者は海上輸送の分野に戦場を移して対決し、岩崎率いる郵便汽船三菱会社と、渋沢・三井連合の共同運輸会社の間で後に「資本主義大海戦」とも呼ばれる猛烈なダンピング合戦が展開されることとなるが、八五（明治十八）年、岩崎弥太郎急死を機に井上馨がレフェリーストップをかけた結果、両者は合併して日本郵船会社を設立することとなったのである。

そして、これを契機に、三菱は海から陸に上がり、日本郵船株を処分した資本で新事業を模索することになるが、そんなときに降って湧いたのが丸の内陸軍用地の民間払い下げ計画だった。

明治初期、大名屋敷が建ち並んでいた丸の内界隈は、諸大名が地元に引き揚げたため、完全にゴーストタウンと化していた。この時代の旧大名屋敷街を舞台としたのが山田風太郎の名作「幻談大名小路」で、『警視庁草紙』最高の名品といえる。やがて大名屋敷跡に兵部省（陸軍省）などの諸官庁が移転したが、一八八八（明治二十一）年、内務省の市区改正を機に、陸軍省は丸の内を離れて麻布・赤坂に移転することにする。そのさいにネックとなったのが麻布に建設予定の煉瓦造りの新兵舎の建設費百五十万円をどうやって捻出するかという問題であった。丸の内軍用地売却のために実施された入札では、おりからの松方デフレ（松方蔵相が主導したインフレ抑制緊縮策）で入札は不調に終わったからである。

困り果てた政府は三菱の岩崎弥之助に一括払い下げを打診した。しかし、当時、麴町の最高坪単価が二円三十四銭であったところに、丸の内の陸軍用地は坪単価が十一円十一銭という計算だった。三菱の屋台骨を揺るがしかねない高い買い物になる可能性十分だった。

とはいえ、岩崎の耳には、あの「大海戦」でバトルを繰り広げた渋沢栄一が今度は大倉喜八郎、三井八郎右衛門、渡辺治右衛門ほか二人と組んで、分割落札なら名乗りを上げようと身構えているという知らせが届いていた。藤森照信は『明治の東京計画』（岩波同時代ライブラリー）でこう述べている。

「前者六人は渋沢を代表に共同して丸の内開発の会社創設をねらい、一方、三菱は独力で相当面積を引き受ける腹であった。つい数年前、海上の覇権をめぐって史上名高い死闘を演じた三菱と三井・渋沢連合の両グループは、ふたたび陸で向かいあう。しかし、一括払い下げという条件のあるかぎり、両者は手をとって政府に当たるほかない。そこで、一八八九（明治二十二）年七月頃、渋沢グループと三菱の番頭川田小一郎の話し合いにより、渋沢グループ名義もしくは全員連名で一括払い下げを受け、そのあと分配する方針が固まった。しかし、翌日、渋沢と弥之助のトップ交渉の席上、弥之助は三菱一社の名義とすることを強く求めた」

渋沢グループは協議の末、これをのむことにしたが、その際、川田に廉書（かどがき）（念書）を含めた手紙を送り、次のような約束を交わすよう三菱側に提示した。その骨子は三菱一社での払い下げは認めるが、道路と鉄道敷地を除いた残りの半分は自分たちのグループに払い下げ価格で譲っていただきたいというもので、川田も約十一万坪のうち三万坪くらいなら譲渡してもいい心づもりであった。

ところが、払い下げ直前になって岩崎は、渋沢グループとの約束をほごにして、単独払い下げ、単独開発に踏み切る決断を下す。

岩崎を決断させたのは、当時、イギリスに出張中だった三菱の大番頭・荘田平五郎と末延道成から届いた連名の電報だった。二人はロンドンの金融業の中心地ロンバート街を歩いたとき、いずれ日本

にもこうした立派なビジネス街をつくりたいと語り合っていたので、グラスゴーで丸の内払い下げを知るや、払い下げは絶対に単独で行うべしと打電したのである。かくて、岩崎は、頂上会談の同意事項をほごにして、単独払い下げへと邁進(まいしん)することとなる。

これを知った渋沢グループはおおいに憤慨・落胆するが、しかし、三菱に対抗して単独払い下げを申し出るほどの資金的余裕はなく、切歯扼腕(せっしやくわん)しながらも丸の内開発を断念するほかなかった。

ちなみに、『渋沢栄一伝記資料　第十三巻』を引くと、一八八七(明治二十)年に「日本土木会社」が渋沢栄一・大倉喜八郎・藤田伝三郎の連名で設立された旨が記されている。おそらく、この「日本土木会社」は官有地払い下げを察知した渋沢グループが開発工事にそなえるために設立したものにちがいない。しかし、八九(明治二十二)年には藤田伝三郎が手を引いたこともあって、「日本土木会社」は早くも大幅に事業を縮小し、九三(明治二十六)年には解散に至ったとある。つまり、三菱の丸の内単独開発が決定したことにより、予想したほどの仕事がなくなったため、「日本土木会社」は解散するほかなくなったのだろうと想像される。

帝都の文明圏を築く

一八九〇(明治二十三)年三月六日、丸の内の軍用地十万七千坪は百二十八万円(八回分割)で三菱に払い下げられることに決まり、土地はただちに市街宅地に指定された。

三菱隆盛の基礎はここに築かれたのである。「荘田平五郎は英国より帰朝すると、社長弥之助に欧米都市の事情を報告し、洋風オフィス街の建設を進言し、弥之助は直ちにこれを採用した。かくて丸

の内一帯に西洋風ビルディングを建並べてビジネス・センターとなし、兼ねて文明圏の帝都たるにふさわしい市街の美観を現出することを経営の大方針として計画を進めることになった」（『岩崎久弥伝』）。

荘田は丸の内ビジネス街建設のためにジョサイア・コンドルの弟子の曽禰達蔵を雇い入れる。曽禰は測量、地盤調査から始めて九四（明治二十七）年には三菱一号館を竣工させる。以後、ロンドンと見まがうばかりの赤煉瓦のビル群が続々完成し、「一丁ロンドン」と呼ばれて親しまれることになるのである。

『岩崎彌之助伝』によると、弥之助と荘田平五郎は丸の内をたんにビジネス街にするだけではなく、劇場や美術館を建設する意図を持っていたが、諸般の事情で建設には至らなかったという。このうち、美術館は近年、三菱一号館美術館の建設によって実現を見たが、劇場はいまだ実現にこぎつけていない。

よって、三菱地所による「常盤橋街区再開発プロジェクト」にまだ検討の余地が残されているなら、多少とも演劇にかかわる人間として、岩崎と荘田の頭にあったにちがいない「東京ブロードウェー計画」をぜひとも取り入れていただきたいと思う。世界の首都で劇場街を持たないのは東京くらいなのだから。

（『週刊エコノミスト』二〇一六年九月二七日号、毎日新聞出版）

渋沢栄一

渋沢栄一は日本経済を見張っている！

本誌（『諸君！』）に「サン＝シモン主義者　渋沢栄一」と題して、渋沢栄一の伝記を掲載し始めたのが一九九九年八月のこと。まさかここまで連載が長引くとは思っていなかった。連載六十三回だから、五年半近くを渋沢栄一と付き合ってきた計算になる（二〇一一年に『渋沢栄一』（I　算盤篇、II　論語篇）と題して文藝春秋より単行本化。さらに二〇一三年に文春文庫）。

連載が長期化した理由は、やはり、渋沢栄一という人物のとてつもない大きさにある。

すなわち、最初は、渋沢のパリ体験と帰国後の資本主義の根付けに対象領域を限定するつもりだったので、サン＝シモン主義者としての側面を掬いあげる程度の網を用意すれば十分と思っていたのだが、連載が進み、渋沢のシロナガス鯨のような巨大さが視界に入ってくるにつれ、いかにも認識が甘

かったのに気づいた。どんな網を以てしても、その総体を捕らえるのは不可能だということがわかってきたからだ。

そこで、途中からひそかに方針を変更し、網をかぶせて捕らえるのではなく、メジャーで以てその大きさを測定するにとどめることにした。つまり、渋沢の本質はこれと断定するのではなく、その多様な側面を可能な限り列挙し、少しでも全体像を提示しようとつとめたのである。しかし、そうなると、経済のみならず、外交、福祉、教育、倫理などの分野まで視野に入れなければならず、連載は必然的に長期化することになったのである。

というわけで、五年半、ほとんどかかりきりで渋沢栄一と付き合うことになったわけだが、深く知れば知るほどこの人物の大きさを痛感するに至った。そう、渋沢栄一はたんに「巨大」であるばかりか、「偉大」なのである。

多方面で近代日本の土台を築いたというだけでない。それをだれにも後ろ指差されることのない道義的な完璧さを以て成し遂げたということ。この点にこそ渋沢栄一という人物の偉大さがある。日本の近代化という課題に一人で立ち向かい、「官」ではなく「民」で、さらには、覇道ではなく王道を歩んで、これを実現したのである。この意味で、世界広しといえども、渋沢栄一に匹敵するようなスケールを持った人物は見当たらない。アメリカにおけるフランクリンでさえ、渋沢に比べたら見劣りするぐらいである。

しかるに、日本における渋沢栄一の評価となると、これはあまりに低いと言わざるをえない。特に戦後におけるその認知度は、福沢諭吉に比べてはるかに劣る。福沢諭吉がお札にまでなっているとい

うのに、渋沢栄一は高校の教科書でも国立銀行条例の制定者として、かろうじて記載されているにすぎない。つまり、資本主義の父としては扱われていないのだ。

これはおそらく、資本主義自体を罪悪視してきた戦後のマルクス主義史観の影響だろう。資本主義が悪いものなら、日本の資本主義を創った本家本元も悪いという論理である。

しかし、少なくとも、戦前はこうではなかった。渋沢栄一は、まぎれもない近代日本の輝ける偉人の一人であった。戦前の国定修身教科書巻六には「自立自営」と題して、渋沢が少年時代に藍玉取引に従事したことから始まって明治初期における実業界での活動まで、その実績が詳しく記述され「実業家の地位を高めることを一生の願いとした」と結ばれていた。

また、日本各地にも、渋沢の偉業を記念した銅像や記念碑が建てられていたようである。渋沢栄一の銅像を見たという年配の人は少なくない。相当の数があったらしい。

心なしか陰鬱なまなざしで……

ところで、いま「ようである」とか「らしい」と婉曲表現を用いたのは、各所にいわば非公認の銅像や記念碑の類いがあったことを匂わせたかったからだ。「勝手建立の銅像」があったのだ。いったい、こうした「勝手建立の銅像」の類いはどのくらいあったのだろう？　戦前の銅像の多くは戦時中、金属供出にあって溶かされてしまったから、正確な数など把握不可能である。いまとなっては、戦前における渋沢栄一に対する民衆の崇敬のほどを知ることはできない……。

と、断定しかけて、いや待てよ、と思い返した。

銅像見物をひそかな趣味としている私は、戦中の供出騒動を免れた銅像は思いのほか残っていることを知っているからだ。探してみれば、今でも、渋沢の偉大さを顕彰する史跡や施設に巡りあえるかもしれない。なにしろ、多方面で活躍した人だから、意外なところにその痕跡が見つかる可能性は十分ある。

そう思いついたのが連載を終えてしばらくたった二〇〇四年十月一日のこと。鬱陶しい秋雨もあがり、からりと晴れた金曜日の朝、『諸君！』編集部のU君と書籍部のK嬢を誘って「東京・渋沢史跡ツアー」と洒落込んでみることにした。

いまの東京には、渋沢の偉大さをしのぶことのできる史跡がどれくらい残っているのか？

とりあえずは、銅像から行ってみよう。

常盤橋公園の渋沢栄一像

一番身近で私が知っているのは、勤務先である共立女子大学隣の如水会館玄関に置かれた半身像。これは、如水会館が、渋沢が開校に尽力した東京商業学校（後の一橋大学）の卒業生の親睦施設として建てられた関係で、新館の完成と同時に玄関ホールに設置されているものである。作者は堀進二。なかなか立派な銅像である。

もう一つは、千代田区大手町は常盤橋公園

内の台座にそびえる全身像。

常盤橋公園というのは、近くに勤め先のある人でも存在に気づかぬような、まことに目立たない公園である。われわれツアー参加者もすぐ近くまで行きながら、なかなか目的地へ到着しなかった。位置は、JR山手線と首都高速環状線、それに地下鉄半蔵門線が交差する三角地帯といえばわかりやすいか。三越デパートの裏道から貨幣博物館の横を通って常盤橋を渡ったところにある。日本橋川を挟んで、日本銀行本店と対峙している。

杖をつき、フロックコートを着た朝倉文夫作の立派な銅像は、渋沢の没後「財界有力者により、その遺徳顕彰の目的で設立された渋沢青淵翁(せいえんおう)記念会が、昭和八年此処に銅像を建立した」と碑銘にある。渋沢青淵翁記念会の理事長は郷誠之助、常務理事は大橋新太郎、佐々木勇之助。除幕式は、渋沢の三回忌である昭和八年の十一月十一日に行われたがそれから十年ほどたった第二次大戦中、金属供出のために、銅像は撤去されてしまう。戦後は主を失った台座だけが空しく建っていた。

しかし、経済復興がなった昭和二十年代後半、銅像再建の声が各界有志から上がり、再び朝倉文夫に象作を委嘱した結果、昭和三十年十一月、ようやく元の位置に銅像が建てられ、東京都に寄付されたという。

下から見上げても、その銅像の視線がちょうど日本橋兜町の方向に注がれているのがわかる。思えば、兜町は、渋沢が明治六年に日本橋川海運橋のたもとに第一国立銀行を設立したゆかりの場所である。同年に引っ越した渋沢の自宅もこの銀行脇の二番地に建っていた。明治二十一年に渋沢が新築したヴェネチアン・ゴシックの洋館もまたしかりである。さらに、第一国立銀行の斜め裏手には渋沢が

中心となって創設した東京株式取引所もあった。これが、いまの東京証券取引所である。つまりは、銅像の視線が向けられている付近は、渋沢がほとんど独力で作り上げた日本資本主義へのヘッドクォーターなのだ。

日本経済があいかわらず混迷を続けるいま、経済の心臓部を見つめる渋沢の銅像の表情がいささか曇っているように見えるのは気のせいだろうか？

飛鳥山は渋沢テーマパーク

さて、常盤橋公園をあとにした「東京・渋沢史跡ツアー」の一行が次に向かったのは、渋沢のついの住処のあった北区滝野川の飛鳥山公園。

連載時に触れたように、渋沢は明治十一年にここに「曖依村荘（あいいそんそう）」と名付けた別荘を建て、明治三十四年からは本邸として家族とともに移り住んだ。現在、この旧渋沢邸跡には、一九九八年にリニューアル・オープンした「渋沢史料館」の本館が建っている。

ちなみに、「渋沢史料館」は正式には「財団法人渋沢青淵記念財団竜門社付属渋沢史料館」といい、深川福住町の渋沢邸に寄宿していた青年たちの結成した勉学団体「竜門社」の後身である「渋沢青淵記念財団竜門社」（二〇一〇年より「公益財団法人渋沢栄一記念財団」）が一九八二年に設立した博物館である。

私も、連載を始めるに先だって、一九九七年頃「渋沢史料館」を訪れ、竜門社の学芸員の方にいろいろとお話を伺ったが、その時にはまだ収集品は青淵文庫（後述）に保管されていた。

ところが、いまや、立派な本館が完成（一九九九年三月竣工）し、収集品のほとんどはここに展示さ

れている。本郷通りから飛鳥山公園内の遊歩道に入ると左手に最初に現れるのがこの本館。まことに立派な建物である。エントランスホール正面の階段の上に渋沢の胸像が見える。右手の受付で入場料三百円を払ってから、階上の展示室へ。常設展示の「一、郷里にて」から「九、九十一年の生涯を終えて」までを経巡ると、渋沢の一生が概観できる仕組みになっている。一階右手にはミュージアムショップがあり、史料館で発行した企画展の図録や絵葉書を購入することができる。

本館を出て、通りを渡った旧渋沢庭園内にあるのが、これまたリニューアルなった青淵文庫と晩香廬(ばんこうろ)。青淵文庫は渋沢の傘寿と子爵昇格のお祝いとして大正十四年に竜門社から贈られた書庫で、鉄筋コンクリートに煉瓦が使われたバンガロー風の建物で、渋沢は内外の賓客との面談に使っていた。晩香廬の命名はいうまでもなく渋沢の父市郎右衛門の号「晩香」から取ったもの。青淵文庫、晩香廬ともに一九九八年から改修工事が施されたが、そのさいには残された資料や丹念な調査をもとに忠実なオリジナルの復元が試みられたという。「東京・渋沢史跡ツアー」一行が訪問した日にはあいにくこの二つの付属施設は休館中だったが、特別公開期間には内部を見学できるという。ファンにとっては、生前の渋沢が使用していた建物の中に入れるので、うれしい限りである。

なお、旧渋沢庭園の奥には、常盤橋公園のそれよりは若々しい感じの銅像が据えられている。学芸員の関根仁氏の話では、還暦の年に第一国立銀行本店の中庭に建てられたもので、のち、世田谷区にあった銀行の運動場「清和園」に移され、清和園の土地が一部売却される際、ここ飛鳥山に移されたという。作者は不明とのこと。

ところで、渋沢史料館のリフレッシュコーナーの一角には都内における渋沢の四軒目の住まいであ

る深川福住町の邸宅の写真が展示されていたが、私にはこの渋沢邸とそっくりの日本家屋をどこかで見たような記憶があった。はて、どこだったかと思ったとき、頭に浮かんだのが、三田綱町の三井倶楽部近くにあった不思議な建物。

そこで、この日にわざわざ持参した『渋沢栄一伝記資料　別巻第十　写真』の巻で確かめると、はたせるかな、深川福住町の邸宅は渋沢の長男篤二の住居のあった三田綱町に移され、現在は大蔵省の第一公邸としていまもなお残っているとある。

すごい、大変な発見である。こうなったら、三田綱町まで駆けつけるほかない。

というわけで、タクシーで一気に都内を縦断したが、なんとしたことか大蔵省管轄の敷地内にあったのはなんの変哲もない鉄筋コンクリートの建物。ガードマン氏の話では今から十年ほど前までは木造家屋があったが、建て替え工事で解体されてしまったとのこと。

青森の渋沢ファンはすごいぞ

ガックシ、遅かったか、と落胆したが、編集部のU氏がすかさずインターネットで検索したところ、意外な事実が判明した。深川福住町の邸宅は、渋沢篤二の相続人であった渋沢敬三の洋館とともに、そっくりそのまま青森県三沢市の古牧温泉渋沢公園に移転・保存されているというではないか！　以下、古牧温泉渋沢公園のホームページの記述である。

「〝明治の香り〟古牧温泉へ　渋沢邸はかつて明治の実業家渋沢栄一氏の邸宅で、現在大蔵省管理の三田共用会議所（東京都港区三田二丁目）になっている建物が、青森県三沢市に移転・保存されたもの

です。杉本社長は、昭和4年15歳のとき栄一氏の書生になり、戦中戦後は秘書兼執事として敬三氏に仕えました。昭和21年財閥解体の命令で渋沢農場を整理するため青森に行き、以来そこに住みつきました。その後三沢市で温泉を掘り当てて当古牧温泉を経営。古牧温泉渋沢公園は栄一、敬三両氏を記念したものです。杉本社長は昭和38年から毎年、『屋敷を処分するときはぜひ払い下げてほしい』と大蔵省に陳情。国側は28年目にして建物の老朽化と地元の道路拡幅計画が建物にかかることもあって、『現状のまま保存』を条件に払い下げを決めた。杉本社長は庭木、敷石、邸内のお稲荷さんのほこらまですっかり解体し、平成3年10月25日に移転は完了しました。ご宿泊のお客様はご自由にご覧いただけます」

こりゃ、驚いた。私設の渋沢明治村が、青森県三沢市の古牧温泉にあったのだ！　こうなったら、なんとしても暇を見つけて三沢まで見学に出掛けなきゃならん。「東京・渋沢史跡ツアー」は「日本・渋沢史跡ツアー」に変更である。

しかし、それにしても、邸宅ごとそっくりコレクションしてしまうほど、渋沢栄一に入れ込んでいる人がこの世にはいたのである。いや、びっくりしたなあ、もう。

「最後の幕臣」はいまも

おっと、急遽、散策コースを変更したために、「東京・渋沢史跡ツアー」の最後に設定した「渋沢栄一のお墓参り」の時間がなくなりかけている。陽も傾き始めている。急がねば。

と、閉園ギリギリに駆けつけたのが日暮里の谷中霊園。入口の花屋で墓に手向ける花と線香を買う

と、渋沢の墓がある乙十一号の一に急いだ。

墓所は石塀で囲まれた一角にあった。「青淵渋沢栄一墓」と記された墓石の裏側をのぞくと、来歴とともに、連載の最終回に引用した「高ク志シテ」の天皇からの御沙汰書が刻まれている。両側には先妻千代子と後妻兼子の墓が並ぶ。敷地内にはほかに早世した子供たちの墓と、見立て養子になりながら非業の最期を遂げた渋沢平九郎の墓碑がある。

この一角と背中合わせの乙十一号の二には渋沢同族の墓が並ぶ。すなわち、穂積陳重・歌子夫妻に始まって秀雄・こと子夫妻に至る同族とその配偶者の墓である。秀雄夫妻の墓だけがやけに小さいのが目だった。一族の落ちこぼれと自嘲していた秀雄らしい抵抗なのかもしれない。

墓地を立ち去ろうとして、事務所でもらった案内図でもう一度位置を確かめると、渋沢栄一の墓は寛永寺から移された徳川家の三つの墓所の中間にあることに気づいた。

なるほど、「最後の幕臣」渋沢栄一は、渋沢同族を引き連れながら、いまも主君を守っているのだな。谷中の墓地で暮れなずむ夕陽を浴びながら、そんなことを思ったりした。

（『諸君！』二〇〇四年一二月号、文藝春秋）

銀座

銀座の四角い青い空

銀座というと、きまって思い浮かべるイメージは、地下の階段をのぼってくると、四角く切り取られた空が見え、その中に自分がじょじょに吸い込まれていって、突然、歩道の広い交差点の雑踏の中に現れるというものである。

このイメージの原型は、おそらく、高校から大学にかけてよく通った日劇地下の映画館、日劇文化から地上に出てくるときのイメージを核にして形成されたのではないかと思われる。それまでの暗闇とスクリーンの別世界に浸っていて、まだ意識があちらの世界に半分残っているのに、階段をのぼると空が見え、次にいきなり銀座の雑踏の中に現れるから、その急激なデペイズマンが強烈な印象を生むのだろう。

実際、東京の街は、どこも映画館の思い出と分ちがたく結びついている。池袋と文芸坐・人生座、新宿と昭和館・シネマ新宿、渋谷と全線座・地球座。それぞれ、映画を見て映画館を出た瞬間の空気の匂いと色と光によって、街の印象がまったくちがうのだ。

しかし、中でもいちばん強く記憶にあるのは、やはり銀座だ。銀座と映画館の記憶は不可分だ。ただ、銀座といえば、普通、有楽座か丸の内ピカデリー、あるいは日比谷映画街、さもなければ築地の松竹セントラルか東劇ということになるのだろうが、私の場合、銀座は日劇以外にないのである。

なぜなのだろう。

ひとつは、高校生のころ、初めて銀座に友達と出掛けて日劇文化で見たフェリーニの『8½』の内容とのかかわりだ。主人公のグイドが悪夢の中で交通渋滞に巻きこまれ、閉じこめられていた自動車から抜け出して空に向かって飛び出すイメージが、日劇文化の地下の階段から銀座の街の中に飛び出すそれと似ていたのかもしれない。映画と映画の後の現実復帰がシンクロして、印象が強まったということである。

もうひとつは単純な理由で、銀座の映画館の中では、日劇文化に通った回数が圧倒的に多かったことだ。といっても、日劇文化でやっていた日本アート・シアター・ギルド（ATG）の芸術映画が好きだったというからではない。私はATG映画はむしろ嫌いなほうだった。にもかかわらず、日劇文化によく通ったのは、この映画館の招待券がよく手に入ったからである。

いまでも場所を移して健在だが、当時、神田の駿河台下の脇道にU社という映画館招待券の金券屋があって、私はロードショーを見るときには必ずここを利用していた。ところで、このU社には、な

ぜか、松竹系と東急系の封切り館は全部そろっていたが、東宝系はめったに入荷しなかった。入手のルートが確立されていなかったのだろう。その中で、日劇文化だけは例外的に数枚が毎回確保されていた。私は、U社のお得意さんだったので、いつも優先的にこの日劇文化の招待券を回してもらっていた。だから、銀座でロードショーというときには、決まって日劇文化だったのである。

それに、私は日劇文化という映画館の小粋な雰囲気が好きだった。いまでこそ、シネマ・コンプレックスという形式のミニ・シアターが増えているが、当時は、映画館といえば、馬鹿でかい封切り館か、さもなければ小便くさい場末の小屋かという二つのグループしかなく、小規模だがエレガントな封切り館というのは極めて数が少なかった。日劇文化は、こうした私が好む映画館の数少ない例外だった。私は、映画はそれを見る映画館の雰囲気次第で印象が変わるという考えの持ち主なので、同じ映画なら、できるだけ日劇文化で見るようにしていたのである。

というわけで、銀座というと、日劇文化から出てくるときの空を思い出すのだが、これと重なるのが地下鉄から階段をのぼって銀座の地上に現れるときのイメージである。

「メトロを降りて階段昇りゃ」と『西銀座駅前』にも歌いこまれているように、たしかに、考えてみると、銀座は新宿や渋谷と違って鉄道駅よりも地下鉄を使って来ることの多い盛り場である。銀座線、丸ノ内線、日比谷線、有楽町線。それに私が横浜から銀座に出るときに使う都営浅草線と、五本も銀座を走っている。だから、なにも私に限らず、銀座といえば、地下鉄から階段をのぼってくるときの映像を連想する人はたくさんいるはずなのだ。

しかし、地下階段から眺める銀座の空が印象的なのは、地下鉄からそこに接近する率が高いという

ことよりも、むしろ、銀座という盛り場の空間的な広がりゆえではないかと思う。つまり、銀座は、明治の初めにロンドンのオックスフォード・ストリートとリージェント・ストリートの交差する地点をモデルにして造られているので、歩道がほかの盛り場に比べて圧倒的に広いのだ。そのため、地下の階段をのぼってくると、建物に遮られていない空が見えるのである。

これがほかにない大きな特徴である。新宿や池袋や渋谷ではこうはいかない。階段の途中から、もう向かいの通りのビルが見える。四角の中に空がない。

銀座にはこの空がある。これは盛り場としての貴重な財産である。なぜなら、それは、解放を希求する心の窓と直接つながっているからだ。

銀座はやっぱりいいなあ、と地下鉄の階段をのぼるたびにつくづく思う。そして、昔、日劇文化で映画を見たときの記憶が不意に蘇ってきたりする。あのときはまだ十六歳の高校生で、数寄屋交差点の雑踏がとてつもなく巨大なものに見えたっけ。あれからもう三十二年もたってしまったなんて夢のようだ。いまでは、日劇文化はおろか、日劇の建物すらもなくなっている。だが、記憶の中にあるあの銀座の四角い空はいつまでも変わらない。人間の記憶は猫の記憶に似ている。と、さるフランスの批評家がいっている。どちらも場所の記憶なのだと。

（『銀座百点』一九九九年二月号、銀座百店会）

銀座の気持ちよさ

銀座の中央通りは、日本でいちばん好きな通りの一つである。

歩くたびに、なんだかよくわからないけど、とても気持ちよくなる。もっとも、たいていの場合、思考はここで終わりで、気持ちよさの因って来たるところについて、それ以上深く考えたことはなかった。

ところが、先日、愛知万博の取材で名古屋を訪れたとき、この銀ブラの気持ちよさの原因がわかったような気がしたのである。

名古屋の通りというのは、ご存じのように碁盤目状に区画されている上、栄町の目抜き通りなどはじつに幅広である。必要以上に幅広だといってもいいくらいだ。

で、この幅広い通りが、銀座通りのように、歩いて気持ちいいかというと、どうもそうは言えないのだ。なにかがちがう。

もちろん、中央分離帯は緑豊かで目に心地よいし、歩道も銀座のように幅が広くて歩きやすい。だが、どこか、根本的なところで、快感のボタンが押されないのだ。

なぜだろうと思って、ふと気づいた。

名古屋の通りは、歩道も広いが車道はそれにも増して幅広なのである。いちばん広いところでは片

側四車線か五車線もある。その車道にものすごい量の車が走っているから、こちら側と向こう側が完全に分離されてしまって、別の街となってしまっている。

だから、こちら側を歩いていて、向こう側の家並みに目をやったりすることはまれである。いわんや、反対側に渡って、そちら側をぶらつくということもない。

対するに、銀座は、車道の幅が狭い。普通は二車線で左折の箇所のみ三車線である。この車道の幅の狭さが、じつは銀座の気持ちよさの大きな原因の一つとなっていたのだ。

私は以前、銀座は歩道が広いので気持ちいいと書いたと記憶するが、これは次のように訂正しなければならない。

すなわち、銀ブラの気持ちよさの原因は、歩道が広いのに比して、車道が狭いこと、これに尽きるのである。

銀座は幅広の歩道を歩きながら、車道の車に邪魔されることなく、両側のファサードを等しく眺められるし、気が向いたら反対側に気軽に渡ることができる。これが思っている以上にいいのである。

おそらく、最初からこうだったわけではないのだろう。いろいろと試行錯誤の末に、今の歩道と車道の割合に落ちついたのだろうが、それにしても、人間工学的に見ても、絶妙なバランスと言わざるをえない。銀座の商店をかたちづくる人たちが、自分たちが快適と感ずるような歩・車道の比率をおのずから割り出したにちがいない。

これはどこの都市でもそうなのだが、ある通りを歩いて気持ちいいと感ずるのは、そこの住人が通

りを愛している場合に限られる。住民が自分の通りを愛していないと、その通りは、なぜか、すさんでくる。

この現象が恐ろしいほどに如実に現れるのは、パリの通りである。

パリは通りという、道ひとつ隔てただけで、同じ街区かと目を疑うほどにちがう。

たとえば、モンマルトル。

モンマルトルと呼び習わされている街区は、ブールヴァール・エクステリユール（外郭大通り）と呼ばれる幅広の大通りで十八区と九区に分けられるが、なかでも、ムーラン・ルージュの建つブランシュ広場からピガール広場に至るクリシー大通りはパリで一、二を争うほどに猥雑な通りとして知られている。

ポルノ・ショップ、ライブ・ショーの小屋などありとあらゆるセックス関連の施設が立ち並び、夜ともなると完全な魔境と化す。だれも金とエロのことしか考えていないからだろう、通りのすさみかたもまたものすごいものがある。

ところが、ブランシュ広場やピガール広場から放射状に発する何本かの通りに一歩足を踏み入れると、あら不思議。さきほどまでのギンギンギラギラの猥雑さは幻のようにかき消え、世の中でこんなに静謐な場所があったのかと驚くような通りが出現する。さながら、芝居で、書き割りの歓楽街の舞台が反転すると、いきなり静かなお屋敷街が出現するのに似ている。

静かなばかりではない。そこには、住民の断固たる「意志」と「愛」が感じられるのだ。窓辺に咲き乱れる花々。よく手入れの行き届いた建物のファサード。いずれも、そこに住む人たちが自分たち

の通りを深く愛し、まるで大切な宝物をいつくしむようにしてメンテナンスを怠らないさまが伝わってくる。

すぐ隣に、世界一猥雑なクリシー大通りがあっても、それは関係がない。大切なのは自分が住むこの通りだというフランス人特有の個人主義がよい方向に働いた結果なのだろう。

銀座も、とくに中央通りには、そこを生活の拠点としていた住民の「意志」と「愛」が感じられる。この「意志」と「愛」があの独特の歩道と車道の案分を考え出したにちがいない。

今では、現実にそこに生活している人は少ないかもしれないが、街を生み出した住民の「意志」と「愛」は地霊として残っていて、そこを歩く人に、なんとも形容のしようのない気持ちよさを感じさせるのである。

外資系の大型店舗進出が著しい昨今、この住民の「意志」と「愛」から生まれた地霊が消えないことを願う。これこそが、銀ブラの快適さの元なのだから。

(『銀座百点』二〇〇五年八月号、銀座百店会)

三越

百貨店という博物の宝庫

『デパートを発明した夫婦』（講談社現代新書）で、パリのボン・マルシェ・デパートの歴史を扱ったときから、デパートというのは、どの国でも、その時代の美術や文化の結節点だと感じていたが、なぜかこれまで、日本のデパート文化について考えてみる機会はなかった。

山口昌男氏の先駆的研究（「明治モダニズム――文化装置としての百貨店の発生（一）」「近代におけるカルチャー・センターの祖型――文化装置としての百貨店の発生（二）」。ともに『「敗者」の精神史』に収録）を読んで、三越デパートの文化史に強く興味をそそられはしたが、本格的にやるとなったら、資料集めで金がかかって「また破産」かと思ったからである。近年、日本の古本業界における企業文化関係資料の値上がりは著しく、いまさら参入したのでは元が取れないにちがいない。

そう思っていたとき、日本橋三越本店新館オープンに当たって『株式会社三越一〇〇年の記録』という社史が編纂されることになり、社史編纂室に三越百年の歴史資料が集められているという話を『東京人』編集部から聞かされた。ＰＲ誌やポスターばかりか、着物作りの見本帳、新館改築時の建築資料などもあるという。

ふーむ、これを見ない手はない。というわけで、おっとり刀で社史編纂室に駆けつけたのが二〇〇四年十月二日の土曜日。資料編纂担当の千種英明氏と奥田豊太郎氏の説明を聞きながら、貴重な資料を見せていただいた。

自身の仮説を論証する資料に、興奮と驚きの連続

まず、最初に目に入ったのが、明治二十九年二月に、三井建築係の技師だった横河民輔が三越の依頼を受けてアメリカのデパート視察に出掛けたときの「呉服及雑貨店建築取調報告」。

これは日本のデパート史研究にとって決定的ともいえる貴重な資料だ。なぜなら、福沢諭吉人脈につらなる高橋義雄が、三井の中上川(なかみがわ)彦次郎から三井呉服店の理事として送り込まれ、従来の座売り方式をやめて二階全部を陳列場に改装し、近代化に着手したのが明治二十八年十一月だから、すでにこの時点で高橋義雄が三井呉服店を欧米風のデパートに変身させることを計画し、横河民輔に視察を依頼していたことになるからだ。

それに、この横河レポートはもう一つ、日本のデパートは、発祥地のパリではなく、アメリカのそれを参考にしたのではないか、という私の仮説を論証するまたとない資料となる。というのも、写真

が普及していなかったこの時代に、横河が自らの鉛筆で外観や店内をスケッチしているのがボストンのワイト呉服店、フィラデルフィアのショーマン商会、ニューヨークのブルーミングデール、ワナメーカー、メーシーなどのアメリカのデパートであるからだ。日本のデパートの、すくなくとも建築的な起源はアメリカにあるのだ。

これだけでもかなり興奮してきたが、まだ、驚くには早かった。明治三十二年一月創刊の初のPR誌『花ごろも』を見ると、日本においては、デパート文化が、前段階的な模索なしに、一気に欧米と肩を並べるレベルにまで到達していたことを認識させられたからである。いや、驚きましたね、この内容の水準と印刷のクオリティーには。目次には、下田歌子の「本邦女子服装沿革概要」に始まって、尾崎紅葉の小説まで並んでいる。反物の絵柄も着色木版刷りで紹介されている。

このPR誌発行は、前年の明治三十一年、番頭たちの反乱に手を焼いた高橋義雄が、さらなる経営刷新を目指して、三井銀行工業部にいた日比翁助(ひびおうすけ)を副支配人としてスカウトしてきたことが大きく関係している。文化的なセンスにあふれていた日比翁助は、近代的なデパートへの変身はまず意識からとばかり、文化情報の起点としてデパートという戦略を打ち出そうとしたのである。ハードに先駆けて、ソフトを創ったということか。

三井呉服店のPR誌はその後、『夏衣』『氷面鏡』『みやこぶり』と名を変えて不定期に出版された後、明治三十六年からは『時好』というタイトルで月刊となった。これらの明治の三十年代に出たPR誌を眺めていて驚くのは、山口昌男氏が指摘しているようにアール・ヌーヴォーが「ほとんど同時代現象としてとり入れられていること」である。しかも、雑誌のイラストばかりか和服にもアール・

ヌーヴォーがあしらわれているのである。

これを検証するのに最適な資料が『時代別模様集　明治初期‐大正二年』。文字通り、三井呉服店‐三越百貨店が客の嗜好に合わせてつくった和服のデザイン集である。一九〇〇（明治三十三）年にパリ万博が開かれてアール・ヌーヴォーが欧米の流行となるのとはほとんど軌を一にして、三井呉服店は和服の模様にアール・ヌーヴォーを採用している。これは、高橋義雄が三井呉服店の改革の第一歩として意匠部を設立し、数名の画家を招聘して、新しい模様を立案させた努力の結実といえる。

趣味人で日本の古美術に通暁していた高橋義雄は、外国からのモダニズムの摂取と並行して、宗達・光琳から江戸浮世絵に至る模様を研究させ、明治三十年代の後半からは元禄ブームを仕掛けている。その一環として行われたのが模様図案の懸賞募集である。『時代別模様集』の明治四十二年四月には、当選した光琳模様が採録されている。

和服の図案には浮世絵もよく用いられたらしい。昭和の初めにつくられた『五十三次ニ因ム模様』を開くと、広重の「東海道五十三次」にインスピレーションを得た極めて大胆なモダンデザインが目に入ってくる。和洋折衷のモダニズムの極致といえる。

アヴァンギャルド精神のなかにも、時代の影が

モダニズムが目立つのは和服の模様ばかりではない、年々進化をとげるPR誌の表紙は、それだけで日本のデザイン史が書けるのではないかと思うほどアヴァンギャルド精神に富んでいる。目にしたのは、商品カタログ『三越』の大正二年の一、二、三月号だが、鳳凰、猫、マルスをそれぞれあしら

った表紙は、うーんと唸ってしまうほどカッコいい。

この商品カタログ『三越』は、地方の顧客のための通販用のものだが、赤ちゃん用品から大人の礼服まで、また火鉢や箪笥などの家具や日用品まで網羅されていて、生活文化史家には垂涎の資料。たとえば昭和十三年十二月号を見ると、すでに日中戦争の戦時下にもかかわらず、例示されている商品はなかなか贅沢で、まだ日本人の生活水準はそれほど落ちていなかったことがよくわかる。「戦前真っ暗史観」に洗脳された頭脳にとっては、新鮮な驚きを誘う。

とはいえ、カタログの最後のほうのページに掲載されている「慰問品」の記事はさすがに、昭和十三年という時代相を感じさせる。「出征皇軍将士へ！」「前線へ！」と銘打たれた慰問品は、A（五円）、B（四円）、C（三円）、D（二円）の四ランクに分けられ、それぞれ中身がちがう。ちなみにA（五円）は「蟲除褌、靴下、手袋、メリヤスシャツ、タオル、花紙、封緘はがき、羊かん、ドロップス、海苔佃煮、ゆであづき、箱入娘、支那語読本、宣撫用絵本、オゾ、袋」。D（二円）は「蟲除褌、タオル、花紙、封緘はがき、ゆであづき、ドロップス、海苔佃煮、羊かん、講談本、宣撫用絵本、カミソリ、オゾ、袋」。三円分の差はおもにメリヤスシャツや靴下・手袋などの衣料品にあるようだ。A（五円）の方にある「箱入娘」というのは謎だが、これはルーデサックと呼ばれたコンドームのことではないか。

資料室には、このほか、明治四十一年に開店させた仮店舗の写真集『新築假営業所』が二冊あるが、これがなかなかおもしろい。木造三階建ての仮店舗とはいえ、豪華なもので、ルイ十五世式休憩室があるかと思うと、鳥小屋や猛獣小屋などのアトラクション施設もある。猛獣小屋の写真をよく見ると、

中にいるのは本物のライオンやトラではなく着ぐるみを着た人間である。ピアノの実演販売、食堂などの写真は、すでにこの時代にデパートが欧米のライフスタイルの紹介窓口となっていたことのよい証拠だが、中で最も興味を引かれるのが、児童博覧会における少年音楽隊の写真。

この少年音楽隊というのは、これを見た小林一三（いちぞう）が宝塚少女歌劇団を思いついたといわれるものだが、少年たちがスコットランド軍楽隊風のスカートみたいなものをはいているのが注目に値する。これに関しては、ＰＲ誌『金字塔』昭和四十三年三月号に載った「座談会　少年音楽隊の思い出」という記事が多くを教えてくれる。出席者の元少年音楽隊隊員の一人で浅草オペラのスター田谷力三はこう語っている。

「私はとにかく五、六歳のときから音楽には夢中だったのです。それでたまたま児童博覧会を母といっしょに見に来たんです。そうしたらもう腰をあげられなくなっちゃって、これでなきゃいやだといって、応募したわけです。（中略）それで三越に来たところが、なにしろ満十歳でなければ入れないというんです。（中略）そのとき日比専務が、『そんなに好きなら入れてやれ』の鶴の一声で入っちゃったのです。それが明治四十二年十一月一日です」

座談会の別の出席者は、出張演奏もしばしば行われ、大山元帥邸での大正天皇、渋沢栄一邸での孫文などが記憶に残っていると語っている。これまた貴重な証言である。

社史編纂室の奥田・千種両氏によると、千葉の倉庫には、三越が代々の歌舞伎役者のためにつくった衣装なども大量に保管されているとのこと。

百年史の副題として『百貨店という博物の宝庫』とつけても、いささかも誇張ではあるまい。デパ

ートこそは、日本近代の文化と生活のアルシーヴなのである。

（『東京人』二〇〇四年一二月号、都市出版）

丸善

「丸善」ハイカラ物語

一九七〇年の十月、ストライキの影響で、半年遅れで本郷の文学部に進学した。授業にはあまり出ずに、生協購買部の一角にあった丸善洋書部の支店に入り浸っていた。店番をしていた七十年配の御老人が戦前の「博識な丸善店員」の典型で、こちらがどんな書誌学的質問をしても即座に詳しく答えてくれるばかりか、フランス書の仕入れにまつわる戦前の思い出話などを聞かせてくれたので、教室にいるよりも楽しかったからだ。

しかし、話は楽しくとも生協購買部では置いてある本に限りがある。そこで、休講のあった日などには、友人と連れ立って、日本橋の丸善までフランス書を眺めにでかけた。「眺めにでかけた」というのは、当時はまだ学生アルバイトの時間給が百円だったのにフランは七十円で、貧乏学生には、プ

レイヤッド版などの高い本はおいそれとは買えなかったためである。

それでも、雨もよいの午後などに、ガリマールやエディション・ド・ミニュイ、ジャン＝ジャック・ポーヴェールやグラッセなどのフランス装丁の本を手に取って、薄暗い丸善三階の洋書コーナーにたたずんでいると、心がパリに飛ぶばかりか、時間をさかのぼって、明治・大正時代のモダンな知識人になったような気がして、わけもなくうれしかった。漱石も鷗外も、芥川も小林秀雄も、文学全集に入っているような小説家や詩人や評論家たちはみな、この同じ場所にあった丸善の昔の建物の二階でこうして洋書を手にしていたのだと想像するのはなんとも気分がよく、帰り際に、財布のなかのわずかな金でリーヴル・ド・ポッシュか、一階にあった文房具売り場で丸善マークのノートを買いもとめるときには、すでに自分がひとかどの文学者にでもなったような気持ちになっていた。

「精神の贅沢」、「想像力の窓」

以来、文学者たちの回想のなかに現れる丸善のことが気になって、ひそかに『丸善文学アンソロジー』というものを編纂しては一人悦に入っていた。それは、こうした丸善の「戦前的」雰囲気を文章で味わい、次に、その一字一句を記憶にとどめながらふたたび丸善の洋書コーナーで時間を過ごすというブッキッシュな体験が二重の喜びになっていたからである。いまでは、昭和二十七年に再建された本館の建物は内装が変わって、「戦前的」雰囲気は完全になくなってしまっているが、海外旅行が大衆化する一九七〇年代の前半までは、たしかにそれが店内の空気のなかに残っていたのである。

わが『丸善文学アンソロジー』の劈頭を飾る森茉莉の回想は、この「戦前的」雰囲気がいかなるも

のであるかをはっきりと教えてくれる。少し長いが引用しよう。

「そこで、私が丸善を梶井基次郎の『檸檬』に出てくるような、書棚の辺りに午前の薄明が差し込んでいる、といった情景の中で捉えたのは大正の末期ではあったが、明瞭と、文章を書こうとする眼で認識したのは昭和の初期である。その頃は丸善で外国の書物を二、三冊と、その頃あった丸善独特の、灰色地に濃灰色の斜格子の便箋、封筒を買い、近くの三共の喫茶部なぞで珈琲を飲み、ゴオルデンバットを一服して家に帰る学者なぞの、その家の書斎も丸善の如くに薄明の中に沈んでいて、紅茶の受け皿に載った檸檬は、アマルフィ（伊太利の海岸）の Limone の薄黄を光らせ、玄関で杖を受け取る奥さんは、地味な絣の銘仙なぞに草花模様なぞの普段帯、明治以来の束髪が西欧的に変化した髪で、現代の洋服の奥さんよりも、もっと西欧の雰囲気を身につけていたのである。そうして奥さんの鏡台には資生堂の白薔薇水白粉があり、洗面所には主人の使う丸善ベエラムがある、といった具合。これは大正から昭和初期に、よく見られた家庭風景だった。三十代の男たちは黒地の絣銘仙に、黒無地（メリンス）なぞの兵児帯をぐるぐる巻きつけていたが、今のカルダン・モオドの男たちよりもフランスに密着していた。詰り、バルザックやリラダンに、書物の上で親交があり、弊帽に黒羅紗のマントオ、朴歯の下駄で地球を蹴り、ハイネやカントに憧れていた一高生は、今のＩＶＹルック族よりシックであり、彼らは、丸善の二階と緊密な繋がりを持っていた。（……）結局戦前のハイカラは本物だったのだ」（「丸善書店」『私の美の世界』）

この森茉莉の文を読んでしまえば、丸善の「戦前的」雰囲気というものが何だったのかを肌に感じないわけにはいかないだろう。そこには、現代とちがって本物の海外ブランドがズラリと揃っていた

わけではない。あるのは、海路はるばる届いた外国のわずかな書物や香水、外国の頭髪用香水を模した「丸善ベエラム」、それに丸善製の「灰色地に濃灰色の斜格子の便箋、封筒」ぐらいだった。つまり、外国文化の一断片、あるいはイミテーションにすぎない。だが、それらのモノには、こちらの想像力を刺激してやまないなにかがあった。イミテーションや断片ではあるけれども、それらのモノは、本物のように、いや本物以上に燦然と輝いていた。スタンダールの言うところのザルツブルクの塩鉱に置かれた木の枝と同じように、われわれの想像力が、イミテーションや断片の回りに美しい結晶をつけ、その結晶がダイヤモンドよりもまばゆい光を放っていたのである。こうした想像力の結晶作用が生み出していたのが、丸善の「戦前的」雰囲気だったのである。

森茉莉も例に引いている梶井基次郎の次の文章は、日本橋丸善ではなく京都の丸善だが、雰囲気は同じである。

「生活がまだ蝕まれていなかった以前私の好きであった所は、例えば丸善であった。赤や黄のオードコロンやオードキニン。洒落た切子細工や典雅なロココ趣味の浮模様を持った琥珀色や翡翠色の香水壜。煙管(きせる)、小刀、石鹼、煙草。私はそんなものを見るのに小一時間も費やすことがあった。そして結局一等いい鉛筆を一本買う位の贅沢をするのだった」(『檸檬』)

さすがに梶井基次郎だけあって、うまいことをいっている。なぜなら、想像力がモノの回りに結晶作用を作動させるには、それが必要によって買われたのではなく、「贅沢」として買われた場合に限られるからである。一本の鉛筆でも「灰色地に濃灰色の斜格子の便箋、封筒」でもよい。とにかく、それがアウラに包まれるのは、不要不急のものとして、つまり精神の贅沢として所有されるときに限

られる。さらにいえば、戦前の丸善は、たんにモノだけではなく、店それ自体が、こうした「精神の贅沢」の範疇に属していたのである。

では、明治の日本に忽然とあらわれた「精神の贅沢」、外国にむかって開かれた「想像力の窓」である丸善は、いったいどのような経緯をへて成立したものなのだろうか？

福沢諭吉との運命的な出会い

現在、丸善本店は東京日本橋にあるが、丸善の前身である丸屋商社、別名丸屋善八店が明治二年の元旦に誕生したときには、その社屋は、横浜は新浜町（現在の尾上町）にあった創業者、早矢仕有的（はやしゆうてき）の自宅に置かれていた。日本橋店は、丸屋商社の事業が軌道に乗ったのにともなって明治三年に開設された東京支店（丸屋善七店）にすぎなかった。つまり、創業時の丸善は、日本の多くの会社と同じく、横浜を本拠地としていたのである。この開業当時の丸屋商社は、福沢諭吉の著作の販売を主たる業務とし、これと並行して医薬品と医療器具の輸入をおこなっていた。というのも、創業者の早矢仕有的は、当初、横浜梅毒病院の院長として、新開地の患者の治療にあたる医者だったからである。

ところで、医者である早矢仕有的が、医薬品と医療器具の輸入商社をつくったというのは理解できるが、その商社が福沢諭吉の著作を販売する書店でもあったというのはどういうことなのだろうか。じつは、ここに「精神の贅沢」「想像力の窓」という戦前の丸善の特異なポジションを解くカギがある。

丸善の創業者、早矢仕有的は、天保八（一八三七）年、美濃国（岐阜県）の医家に生まれた。蘭方医の坪井信道に学んで日本橋橋町で開業し、すでに名医の評判を得ていたが、多くの蘭医と同じく、英

学を学びなおす必要を痛感し、慶応三（一八六七）年、鉄砲洲にあった福沢諭吉の慶應義塾に入学した。ところが、ここで有的は、英学よりもむしろ諭吉の説く、次のような「一身独立して一国独立する」の教えに強くこころひかれることになる。

「譬えば田舎の商人等、恐れながら外国の交易に志して横浜などへ来る者あれば、先ず外国人の骨格逞しきを見てこれに驚き、金の多きを見てこれに驚き、商館の洪大なるに驚き、蒸気船の速きに驚き、既に已に胆を落として、追々この外国人に近づき取引するに及んでは、その掛引のするどきに驚き、或いは無理なる理屈を言い掛けらるることあれば啻に驚くのみならず、その威力に震い懼れて、無理と知りながら大なる損亡を受け大なる恥辱を蒙ることあり。こは一人の損亡に非ず、一国の損亡なり（……）内に居て独立を得ざる者は、外に在っても独立すること能わざるの証拠なり」（福沢諭吉『学問のすゝめ』）

日米修好通商条約の締結により横浜で外国との貿易が開始されたが、その実態は、輸入も輸出も、世界各地の租界を渡りあるいてきた外国人の貿易商人によって独占され、日本人商人は暴利をむさぼられるがままになっていた。諭吉は、日本の商人が江戸時代以来の身分制度になれ、考えることは武士任せにしてきたことがこの亡国的な事態の原因であり、今後、みずから考えみずから実行する独立の気概をもった商人があらわれない限り、日本が貿易国として独立することは不可能であると考えたのである。

すでに開業医として、一家を構えていた早矢仕有的は、おそらく、医薬品や医療器具を購入するさいに、こうした日本の貿易の実態に接していたのだろう。だからこそ、諭吉の説くこの貿易論に深い

共感を示したのだ。いっぽう、諭吉のほうでも、わずかに二歳年下の実務に長けたこの医者のなかに、みずからの貿易理念実現のパートナーを見いだしたと思ったにちがいない。この意味で、丸善は、こうした二人の出会いから生まれた理念的な産物なのである。そのことは、丸屋商社が横浜に誕生したときに制定された『丸屋商社之記』にはっきりとあらわれている。その一部を読みやすいようにカタカナの部分をひらがなにして引用してみよう。

「(外人の) 大眼目は唯貿易に由て利益を求るの一事に在ること固より論を俟たず然るに今この貿易商売の権を外人に占られ坐してこれを傍観するは日本人たる我輩の義務に背くと云ふ可し一度び貿易の権を失ひ彼に致され彼に依頼し彼の元金を借り彼の社中に役せられ或は我社中に彼の国人を招きこれを尊びこれを仰ぎ其指令の下に奔走する等の勢に陥ることあらば国の災害これより大なるはなし斯の如きは則ち国其国に非ずと云ふも可なり国其国に非ざれば文学技術も用を為すに処なかる可し是即ち我輩の所見にて商売を至重至大の急務と為し彼の文学技芸は先づ他の学者に任じ政治の事務は在官の人物に譲りて我身は専ら商売に従事し日本国の商法をして独立の地位を得せしめ同国の人をして其幸福を失はしめず以て我輩の身分に恥ることなからんを企望する所以なり」(『丸善百年史』)

この文を先の『学問のすゝめ』の一節と比較すると、その発想がきわめてよく似ていることに驚くが、それもそのはず、この『丸屋商社之記』は福沢自身の手になるものとも言われているのである。少なくとも、諭吉の筆がかなり入っていることはたしからしい。自立した日本人による独立の精神に基づく貿易がないことは亡国に通ずるという主張をみれば、その点は明らかである。しかも、外国商人に雇われることがいけないばかりか、外国人を雇うことも、外国資本を導入することも独立の精神

を損なうとして固く排除しているのだから過激である。この点で、『丸屋商社之記』は、てっとり早く先進国に追いつくためにお雇い外国人を雇った時の政府とも、同じく外国人頼みだった日本のほかの会社とも、はっきりと方針を異にしていたのである。

日本人による日本人のための日本人の商社

なるほど、そういわれてみれば、丸善というのは、外国貿易商社でありながら、創業以来、ほとんど外国人を雇わなかったところに特徴がある。輸入するのは外国の書籍や雑貨だが、なにを輸入するかを決めるのも、その実務を担当するのも、最初期からつねに日本人だった。そこには明らかに、「一身独立して一国独立する」の精神が脈打っていた。「一身独立して一国独立する」の精神に依っていれば、たとえ利潤追求を目的とする商業に従事していてもそれはいささかも恥ずかしいことではなく、むしろ、国の独立を支え、日本人に幸福をもたらす基礎となる、これが早矢仕有的と福沢諭吉が共同で作成した丸善の社是だったからである。

そして、戦前の丸善の雰囲気、すなわち、「精神の贅沢」、外国にむかって開かれた「想像力の窓」という特徴も、じつは、この「一身独立して一国独立する」精神から来ていたものと思われる。なぜならば、日本人が日本の独立のことを思って外国からなにかを輸入しようとするならば、それは、「黒地の絣銘仙に、黒無地（メリンス）なぞの兵児帯をぐるぐる巻きつけていた」男や、「地味な絣の銘仙なぞに草花模様なぞの普段帯、明治以来の束髪が西欧的に変化した髪」の奥さんに、自分たちの生活と存在を恥ずかしく感じさせるような品物であってはならない。むしろ、こうした地味な日本的

ライフ・スタイルに浸っていながら、自分たちが「現代の洋服の奥さんよりも、もっと西欧の雰囲気を身につけ」、「今のカルダン・モオドの男たちよりもフランスに密着して」いると思わせるような品物である必要がある。つまり、襤褸（ぼろ）は着ていても心は錦と想像することを可能にするようなチープ・シックな品物、すなわち、「精神の贅沢」を許し、外国にむかって開かれた「想像力の窓」となるような品物でなければならないのだ。

男にとっては、それが、「外国の書物」「二、三冊」と、「丸善独特の、灰色地に濃灰色の斜格子の便箋、封筒」であり、奥さんにとっては「赤や黄のオードコロンやオードキニン。洒落た切子細工や典雅なロココ趣味の浮模様を持った琥珀色や翡翠色の香水壜」だったのである。もし、丸善が外国人によって経営され、店員も外国人であったなら、こうした形の輸入はなかったかもしれない。森茉莉をして、「戦前のハイカラは本物だった」と言わしめたのは、丸善が、早矢仕有的と福沢諭吉の商業理念に基づいて、日本人による日本人のための日本人の商社を目指したからである。ここに戦前の丸善の逆説があった。

この逆説をもっとも極端な形で生きたのが、北原白秋や木下杢太郎の「パンの会」であることはあきらかだが、一見、それとは立場を異にするような自然主義の作家も、この丸善の逆説に敏感に反応した若者だった。

「十九世紀の欧洲大陸の澎湃（ほうはい）とした思潮は、丸善の二階を透して、この極東の一孤島にも絶えず微（かす）かに波打ちつつあったのであった。

丸善の二階、あの狭い薄暗い二階、色の白い足のわるい莞爾（にこにこ）した番頭、埃（ほこり）だらけの棚、理科の書と

案内記と文学書類と一緒に並んでいる硝子（ガラス）の中、それでもその二階には、その時々に欧洲を動かした名高い書籍がやって来て並べて置かれた。勿論（もちろん）、それは書店でもその価値を知って取寄せたのではない。唯（ただ）評判だから、一二冊取って置いて見ようという位の程度である。（……）

ある日、私は丸善の二階に行った。そしていつものように、そこに備えられた大きな目次の書を借りてそれを翻（ひるがえ）していた。ふと、モウパッサンの『短編集』が十冊か十二冊、安いセリースで出版されてあるのを発見した。何とも言われず嬉しかった。私は金のことなどを考えずにすぐ注文した」（田山花袋『東京の三十年』）

本は明治三十六年五月十日ごろに到着した。田山花袋は当時、博文館で『太平洋』の編集をしていた。電話で到着を知らされたが、給料前の花袋には金がない。そこで、『美文作法』というハウ・ツー本を書くからと上役に泣きついて十円を前借りし、篠突く雨の中を丸善まで走っていった。

「安いセリースで、汚い本であったけれど、それがどんなに私を喜ばしたであろう。ことに、この十二冊の『短編集』の日本での最初の読者でありうるということが、堪らなく私を得意がらせた。私は撫でたりさすったりした」（同書）

この気持ちは、わかりすぎるほどよくわかる。これがまさに、「戦前的な丸善体験」なのである。

目利きの洋書買い付け係、内田魯庵の入社

ところで田山花袋は「価値を知って取寄せたのではない。唯評判だから、一二冊取って置いて見ようという位の程度である」といっているが、これはちがう。じつは、この明治三十六年には丸善に日

本でもっとも目利きの洋書買い付け係がいたからだ。その買い付け係こそ、明治三十四年に丸善に入社した内田魯庵だった（一説に三十三年）。木村毅は、『丸善百年史』でこう書いている。

「しかし何といっても、この二十世紀の第一年において、丸善の歴史に最も重要だったことは、内田魯庵の入社である。初めに、丸善の骨格は早矢仕有的がつくり、これに魂を吹き込んだのは福沢諭吉だと書いたが、それに肉づけをした者こそ、じつに内田魯庵であった。彼の入社以後の丸善のイメージは、魯庵によって作られたと云ってもいいし、あるいは端的に『丸善即魯庵』と即断しても、多くの異論は出まいと思われる」

内田魯庵は、あるとき、横浜に行ってトルストイの『アンナ・カレーニナ』の英訳を求め、帰りに丸善に寄って、こういう本をいつも置いていなくてはだめだといったところ、それでは、いっそ丸善に入社して買い付け係になってくださいと頼まれたといわれるが、入社後は、たんに買い付け係としてばかりでなく、丸善のPR誌『學鐙』をハイ・ブラウなインテリ雑誌に変貌させ、丸善の名をいっそう高めることに貢献した。この内田魯庵がみずから丸善時代のことを回想している文で有名なのは、『思い出す人々』に収録された「紅葉と最後の会見――世間に伝わらざる逸事」である。

「紅葉の病気が重態であると新聞紙に伝えられてから間もなく、或日の午後、私があたかも丸善の事務室に居合わした時、紅葉さんがお見えになりましたと一店員が知らして来た。重態の病人が自身に来るはずはないから、紅葉の使いのものか、さなくば尾崎違いであろうと訝かりながら店へ出て見ると、痩せ衰えた紅葉が書棚の前で書籍を漁っていた」

癌で余命いくばくもない尾崎紅葉は魯庵の顔を見ると、『ブリタニカ』を買いにきたのだが、『ブリ

タニカ』がないので『センチュリー』にしたといった。内田魯庵が二ヵ月待てば『ブリタニカ』が届くから、高価な『センチュリー』を買う必要はないのではというと、「生延びようとは決して思わんが、欲しいと思うものは頭のハッキリしている中に自分の物として、一日でも長く見て置かないと執念が残る」と答え、「『センチュリー』なら直ぐに届けられるだろう」とたずねるので、魯庵も思わず「むむ、『センチュリー』なら直ぐ届ける」と答えた。それを聞くと紅葉はようやく安心した顔になって「これで先ア冥土へ好い土産が出来た」と笑いながら、手の切れるような札で百何円かを払った。これなど、まさに、戦前の丸善のイメージを象徴するようなエピソードである。

それはそうと、この内田魯庵が『學鐙』の編集長として丸善二階の洋書部に出入りしていたころ、その一階の化粧品売場で女店員をしていた一人の娘が彼の姿を目撃している。

「丸善は二階が洋書、階下が文房具と和書と、洋品部の売場に分れている。私は入口近い正面わきの化粧品の売場にいる。一面鏡張りにした、高い、広い、香水の飾棚が私のうしろにある。数段のガラスの棚に配置した香水の罎が、鏡に映って二重になって、いろいろな形で光っている。私はそこで横文字を見覚えて、コンパニイだのリミテッドの略字とともに、外国の化粧品の会社の名と、香水の名などを覚える。（……）

内田魯庵の丸い和服姿が、しばしば二階からゆっくりおりてくる。この人は丸善の重役なので私たちはおじぎをする」（佐多稲子『私の東京地図』）

佐多稲子には、佐藤喜美という同僚がいたが、この佐藤喜美は、アナーキストの恋人がいるので、大杉栄が二階の洋書部から降りて来たのを見て興奮する。

「大杉栄の目はすごいわよう。キラキラ光っているわよ。あの目だけで魅惑されてしまうわねえ」（同書）

大杉栄は、内田魯庵とも親しく、同じ町内に住んで家族ぐるみで行き来していたので、丸善の洋書部にもよく顔を見せたのだろう。関東大震災の混乱で大杉栄と伊藤野枝が甘粕大尉に虐殺された日にも魯庵の家に遊びにきていた子供の魔子は、葬儀のあと「さよなら、さよなら」と元気に叫んで親戚に引き取られていったが、それを悲痛な気持ちで見送る内田魯庵の胸には、もうひとつ非常に気掛かりなことがあった。それは明治四十三年に耐火建築として新しく作り直された丸善赤レンガ本館が類焼によって全焼したという知らせが届いていたことだ。丸善にはキリシタンおよびオランダ初期の日欧貿易や博物学の古書が大量にストックされていたからだ。彼の心配は的中した。建物のみならず、当時の金で数百万円の書物がすべて烏有（うゆう）に帰したのである。

しかし、建物と本は消え、震災後再建された本館は、粗末な木造二階建てにすぎなかったが、明治から続いていた「丸善二階の洋書部」の幻影は、昭和に入ってからもその輝きを失わなかった。それは、戦後、昭和二十七年に鉄筋の本館が再建されたあともなおしばらくは続いた。

こうした戦前的な丸善の幻影が消滅したのは、一九七〇年代に入って、海外旅行が完全に自由化されてからのことである。このとき、日本人の「精神の贅沢」という思想もなくなり、「肉体の贅沢」が社会の前面に躍り出た。と同時に、日本人は、外国にむかって開かれた「想像力の窓」を永遠に閉ざしてしまったのである。

（『東京人』一九九七年二月号、都市出版）

魯庵アンケートの卓見

西暦二〇〇〇年を迎えて、各誌とも二十世紀の総括が盛んで、著名人にアンケートを依頼して、二十世紀の十大小説、二十世紀十大事件など華やかにベストテン選びをやっている。私自身もいくつかのアンケートに加わっているので、いい機会だと思い、過去の事例、特に、百年前に、去り行く十九世紀を総括した雑誌の企画があったかどうかを調べてみた。

すると、意外なことに、フランスでは、まともなアンケートはほとんど行われていなかったことがわかった。ドレーフュス事件で世論が沸騰し、万博で気分が浮ついていたから、ベストテン選びどころではなかったのかもしれない。いっぽうイギリスはアンソロジーの好きな国なので、十九世紀の十大小説などの試みはあったのだろうが、こちらは寡聞にして知らない。

ところが、灯台もと暗しで、なんと日本の雑誌が百年近く前に「十九世紀に於ける欧米の大著述に就ての諸家の答案」という一大アンケートをやって、世界中に反響を与えていたのである。ほかでもない、本誌『學鐙』の明治三十五（一九〇二）年正月号がそれで、企画立案を行ったのは事実上の初代編集長の内田魯庵。一九〇〇（明治三十三）年（一説に一九〇一年）に丸善に入社して輸入図書の選定係となり、それまではたんなるカタログにすぎなかった『學鐙』を当時の日本の最高水準の読書雑誌に仕立てた文学者である。『丸善外史』の中で我らが「物知り博士」木村毅はこう書いている。

『学鐙』の編集に自由手腕をふるい得るようになると早々、魯庵が立てた企画のひとつは、早くも世界的反響を呼ぶに至った。それは『十九世紀に於ける欧米の大著述に就ての諸家の答案』をかかげたことである。

それよりも前、愛読書あるいは好書、良書について、江湖読書子にハガキ解答を求めることは、さすがにぬけ目なく『国民之友』が流行をつくり、その他の新聞雑誌にも先例があって、魯庵もアンケートに応じていた方のひとりである。しかし見送ったばかりの『十九世紀』の一世紀（それはそれまでの何千年の全人類の歴史を一まとめにしたよりも大きな変化と進歩があったと言われた）の名著を、しかも欧米に限って、好著推薦を求めたのは、魯庵にして初めて思いつき得ることであり、『学鐙』が最初であった」

木村毅はずいぶんと魯庵の卓見のユニークさを強調しているが、じつはそれでも足りないくらいにこの企画は卓抜なものであった。なぜか？　ひとつは、この時代の日本には百年を単位として時代を一くくりにするというものの見方がなかったばかりか、西暦という観念さえなかったからである。

明治・大正の文学や評論をひもといたことのある者ならだれでも知っているだろうが、元号暦に西暦が添えられていることはほとんどない。明治三十三年は明治三十三年であって、この年が世紀の変わり目であることを意識していた日本人がそれほどいたとは思えない。御維新から三十三年目という意識はあっても、享和元年から数えて百年目であるなどと考える者がいたはずがない。たいていの日本人は、なんの感慨もなく、一九〇〇年を明治三十三年としてすごしていたのである。

＊

ただ、もちろん例外は存在していた。「和魂洋才」をモットーに洋書を糧として生きていた帝大の教授や英語の読める著述家たち、つまり洋書輸入商丸善の主たる顧客で、欧米文化の蓄積を一刻も早く吸収しようとした彼らは、今日のわれわれが想像するよりもはるかに洋書に通暁し、あちらの出版状況に迅速に反応していたから、少なくとも洋書をひもとくときには、西暦で思考し、センチュリーという概念に親しんでいた。ただ、そんな彼らでさえ、個々の著作には目がいっても、それを十九世紀という大きな枠組みでくくるまでには至っていなかった。

『學鐙』の編集長となった魯庵はここに目をつけた。つまり、木を見て森を見ず、ただやみくもに咀嚼してきた欧米の文化を百年を一区切りとして総括し、これを客体化し、対象化することで、日本の知識人にひとつの大きな指標を与えようというのである。アンケートの趣旨説明で魯庵はこう書いている。

「十九世紀に於ける学術文章の隆んなる誠に有史以来の一大壮観にして巨篇名什の称あるもの二酉五車も啻ならず、道を学ばんとするものは萬巻の書架に対して却て頼る處を失ふ、譬へば岸頭に立つ者が怒濤の狂湧するを見て魂悸き気労れて終に蛤珠瑚琏の波底に潜るゝを知らざるに似たり。殊に近来印刷製版の益々盛んなる新たに出板せらるゝもの若くは翻刻せらるゝもの日に十百巻、旬ならずして汗牛充棟す。書を好める蜜の如き者と雖ども日々評壇の月旦を聞きて、惑はざるを得んや。茲において弊社は業として書籍に親しむが故に偶々外国二三の雑誌社の顰に倣ふて広く博洽の専門学者に質すに十九世紀及び其晩年の大著述を以てし、輯めて以て読書社会の針路たらしめんとす（以下略）」

こうした趣旨によるアンケートを自然科学、人文・社会科学、哲学・宗教、文学・芸術、ジャーナ

リスト、その他の学者・文筆業者に依頼し、回答者七十九名の「答案」を掲げ、それに『ジャパン・タイムズ』記者と『國民新聞』記者、および魯庵自身の講評を加えたものが一九〇二年一月号から三月号に発表されたのである。

その質問条項は次の六項目である。

（1）文芸学術諸科学を通じて十九世紀中の最大著述
（2）最も興味ある詩賦小説等の傑作
（3）読書家の座右に備ふべき十九世紀の大著述
（4）各専門の学述文芸に関する十九世紀の大著述
（5）十九世紀晩年の大著述
（6）最も有名なる十九世紀史及十九世紀研究に最も必要なる参考書
其他十九世紀中の有名なる楽曲及美術画譜等

もちろん、洋書の知識においては自ら恃むところのあった魯庵であるから、平素いばりくさっている帝大教授たちに、お前たち、これらの質問に答えられるほどの洋書を読んでいるのかいと、オチョクリをかけてやろうとする気持ちもどこかに働いていたにちがいない。また、その回答次第では、これを誌面にさらして侮辱してやろうという意地悪な意識もあったはずである。この手のアンケートというのは、出題者と回答者のあいだに、ある種の腹の探り合いといった趣きがあるものなのである。

だから、井上哲次郎のように、「右は一見甚だ容易なるが如くして其実決して容易ならず、若し容易に御答申上候へば、必ず杜撰と相成候恐れ有之候故に疑はしきものは之れを闕き、先づ是れならば正確ならんと安心出来候もの而巳御答申上候」と魯庵の底意地の悪い意図を見抜いて、ガチガチにガードを固めた模範解答をよこした者もいる。

また、質問者の用意した事項をまったく無視して専門分野の本だけをたくさん列挙してきている学者もいる。さらには田中喜一のように「自分は実際本は沢山読まん方ですから書物上の知識はあまり博くありません」と謙遜を装いながら、それぞれの項目に何十冊もあげているものもある。

しかし、みな総じて、質問の意図をまじめに取り、いたって真剣に回答している。

では、その結果はどうなったのか？

項目を無視して、回答者七十九人があげた書物を、ノン・ジャンルとしてならして累計すると、以下のような結果となったと、魯庵は発表している。

①ダーウィン『種の起源』　三十二票
②ゲーテ『ファウスト』　十六票
③スペンサー『総合哲学体系』　十五票
④ショーペンハウエル『意志及び表象としての世界』　十四票
⑤コント『実証哲学講義』　十三票
⑥『エンサイクロペディア・ブリタニカ』　十一票

⑦セニョボス『現代欧州史』　八票
⑦マルクス『資本論』　八票
⑨ユゴー『レ・ミゼラブル』　七票
⑨ダーウィン『人間の進化』　六票
⑪ハルトマン『無意識哲学』　六票
⑪ヴント『生理的心理学』　六票
⑪ブール『近代史』　六票
⑪オンケン『一般史』　六票
⑮ヴント『倫理学』　五票
⑮ラスキン『近代画家論』　五票
⑮トルストイ『アンナ・カレーニナ』　五票
⑮マイヤー『大百科全書』　五票

さらに魯庵は人別に集計すると十票以上を得たのが「バイロン、カーライル、ハルトマン、ヘーゲル、ユーゴー、及びミル」の六人であることを明らかにする。ダーウィンはこの人別部門でも四十票でダントツの首位だった。

では、われわれにとって最も興味深い、これらの集計結果に対する魯庵の講評はどうかというと、第一位のダーウィン『種の起源』（『種源論』）と第二位のゲーテ『ファウスト』に関しては「『種源論』

及び『ファウスト』の如きは恐らく何世紀の後に到るも十九世紀を説明するものとして第一に置かるゝものなるべし」とその順当さを認めている。

しかし、いかにも魯庵らしいのは八票を獲得して七位につけたマルクス『資本論』に対して次のように講評していることだろう。

「又例へばマルクスの『資本論』の如き専門学以外の選を得たるものは其点数は縦令多からざるも頗る価値ある得票なるが故に特に注意すべきなるものなるべし」

ちなみに、『資本論』の最終巻の第三巻がエンゲルスの手によって出版されたのは一八九四年のこと、日本語訳は、部分訳（松浦要と生田長江による英語からの重訳）でさえ、一九一九年まで出版されなかったのだから、その重要さを一九〇二年の時点で見抜いて八票獲得したことの意義を問うている魯庵の慧眼は注目にあたいする。

また、「十九世紀の文明に貢献し当時の思潮を動かしたる大著述の割合に得票少なきもの」として、「パウル、ストラウス、ルナン、フォイエルバハ、或いはケヤード」「ベンタム、サビニィ、アダムスミツス、近くはルブレイ〔フランスの経済学者フレデリック・ルブレーのことか〕、ベームバエルク」をあげて補正意見としていることも、彼の目配りのよさを示すものだろう。

いっぽう、八票を得て『資本論』と同じ七位に入っているセニョボス『現代欧州史』に関しては、これがそんなに大著述かと疑問を投げかけている。

「十九世紀の如きは一時の流行書なるが故にブルレ及びセイニヨボーの二大著述が縦令今日に於いて其倫を求めがたきも果して永遠に動かすべからざる価値を失はざるや如何は未定なるべし、況んや此

二者が偶〳〵ランケ或いはモンゼン等の諸著より多数の票を得たるを以て直ちに之に勝るものとなすべからざるは勿論なるべし」

さすがは魯庵というべき鑑識眼の確かさである。セニョボスは英訳されたがために、フランスの歴史家の中では知名度を得たが、いまから見れば、たんなる通俗的な歴史作家にすぎない。魯庵の予言した通りである。

魯庵の値踏みの驚くべき正確さはこればかりではない。『ジャパン・タイムズ』記者がこの投票では、英米系の作家が少なく、スティーブンスン、ハーディー、メレディス、マーク・トウェインへの投票が少なかったばかりか、キップリングをあげているものが一人もいないのをなげいていると、こんなふうにズバリとクギを刺している。

「キップリングの如き殊に当今の寵児なれども我国の学者が雷同せざるは寧ろ其持重する所以を証するものと見て可なるべし」

キップリングよりも、小説では、投票にあるごとくユゴーの『レ・ミゼラブル』（当時は『哀史』という邦題）とトルストイの『アンナ・カレーニナ』を読むべしとする魯庵の意見は、二十世紀末でもなお有効である。

*

とはいえ、アンケートの結果とその内容、および魯庵の講評を眺めてみると、そこに時代的制約が色濃く現れていることもまた認めざるをえない。すなわち、欧米といっても、英独の著作が中心で、

フランス系はユゴーとセニョボス、それにコントを除くとまったく顔を見せていないことである。この三人の作品にしても、英訳があり、なおかつ英米およびドイツで高く評価されていたために、日本の知識人のアンテナに引っ掛かったにすぎない。フランス語は、幕府の主要外国語だったため、この薩長の時代には等閑視されて、フランスの小説や詩はほとんど日本に入って来てはいなかったのである。

たとえば、アンケートにユゴー以外のフランスの小説家・詩人を上げているのは、この道の専門家といえる上田敏を除くと、高安三郎（月郊）と建部遯吾（とんご）の二人だけである。両名ともゾラで、高安三郎は「ルルド」「ローマ」「パリ」の三都市双書、建部遯吾はルーゴン・マッカール双書の『夢』をあげている。明治時代の最高の批評家で、ニーチェの紹介者であった高山林次郎（樗牛）ですら、『レ・ミゼラブル』以外の言及はない。

では、十九世紀最大にして最高の小説家であったバルザック、現代小説の元祖フロベールの名前を記した回答者はいなかったのかというと、これが情けないことに上田敏一人だけなのである。

しかし、そのたった一人のフランス文学紹介者上田敏の慧眼には恐るべきものがあり、彼一人で、その他の回答者の認識不足を補って余りあるとさえいえる。そこに登場していないのは、当時まだ全貌がわかっていなかったランボー、マラルメ、ロートレアモンくらいしかない。ゾラ、ドーデ、ユイスマンスの自然主義作家もあげられていないが、これは上田敏の趣味の問題なのだろう。バルザックにしても、ちゃんと『人間喜劇』全体をあげているし、フロベールは『ボヴァリー夫人』を推している。その鑑識眼の確かさには感嘆するほかない。

上田敏はフランス文学のみならず、英文学、独文学、さらにはイタリア、スペイン、ポーランド、

ロシア、デンマーク、スウェーデン、ノルウェー、ベルギー、ハンガリー、ギリシャ、アメリカと欧米全域の文学をフォローしているが、列挙されている作品の適切さも、時代を超越している。上田敏は掛け値なくこの時代の最高の欧米文学通であったのだ。

＊

このように、フランスに対する目配りのなさという時代的制約はあったにしても、内田魯庵の企てたアンケートは、福沢諭吉の時代と比べて、日本の欧米理解が格段に進んだことを如実に示している。そして、そのアンケートは海外でも高く評価された。この年の二月十四日には、その結果が『ロンドン・タイムズ』週報、シカゴの総合雑誌『ダイヤル』に掲載され、そこから、さまざまな日本紹介の本や雑誌特集号に転載された。木村毅がいうように、「これはその後、諸外国が、日本の知識水準をはかるバロメェターとなった」のである。

しかし、魯庵アンケートの影響がもっとも強く出たのはやはり日本の読書界だった。木村毅によれば、丸善は一位になった『種の起源』に注文が殺到したのに驚き、版元とかけあって格安の廉価版まで発行してもらったが、天井につかえるほど積み上げられたこの版も二、三カ月にしてすべて売り切ったという。

魯庵は本を売ることに関しても、丸善の優秀なる編集長であったのである。

（『學鐙』二〇〇〇年一月号、丸善）

上野

博覧会、博物館はなぜ上野へ——パリで出会った二人の男の夢

上野の山が博覧会と博物館の「選ばれた地」になったのは、内務卿大久保利通の肝入りで明治十（一八七七）年に第一回内国勧業博覧会が開かれたことによる。

この事実に誤りはない。しかし、上野が博覧会と博物館の「選ばれた地」になるまでの曲折を調べていくと、そこには、幕末にパリ万博で出会った二人の男の夢想が下地をなしていることがわかってくる。つまり、上野の山には外国で博物館や動物園の思想に触れた二人の日本人の夢が埋まっているのだ。

一人は幕府の蕃書調所の下吏として一八六七年のパリ万博に参加した田中芳男。信州飯田の漢方医の次男として生まれた田中は医学を志し、尾張藩の医師で本草学者の伊藤圭介の弟子となったが、伊

藤が幕府の蕃書調所（後に開成所と改名）付属の物産所の職員に転じたことから、田中も本草学者としての道を歩み始める。慶応二（一八六六）年、幕府がパリで開催予定の万国博覧会に参加することを決めると、田中は、フランスから要請された日本の昆虫標本を持参してパリに渡る。パリで田中は万国博覧会もさることながら、ジャルダン・デ・プラントと呼ばれ、動物園と自然史博物館を併設した植物園につよく魅了された。本草学者の田中はいつかこのようなものを日本にもと思ったにちがいない。

このとき、パリの博覧会場では幕府と薩摩の使節団が鞘当てを演じていたが、その薩摩の使節団を目当てにパリにやってきたのが、三年前から禁を犯してロンドンで勉学を続けていた薩摩藩の留学生たちである。その一人に町田久成がいた。佐々木時雄『動物園の歴史　日本における動物園の成立』（講談社学術文庫）によると、町田はパリで田中芳男と会い、知己になった可能性が強い。

この出会いが、日本の博覧会と博物館の運命に大きく影響を与えることになる。

すなわち、日本に戻って新政府の開成所の職員となった田中は明治三（一八七〇）年九月、大学南校の物産局に出仕を命じられると、外務省で謹慎処分になって腐っていた町田を物産局に誘って上司に据え、まずはパリで見聞してきた万国博覧会を参考にして、明治四年五月から九段坂上の東京招魂社（いまの靖国神社）の境内で「大学南校博覧会」を開催しようと目論む。

この日本最初の博覧会は動植物・鉱物など「天造に属せし物」と「博識の資となすべき人造の物」、および「古物」という三部門からなっていたが、そこにはジャルダン・デ・プラントを元として動・植物園を造ろうとする田中と、ロンドンのブリッティッシュ・ミュージアムを発想元として博物館を志向する町田の考えが重なるようなかたちで現れていた。

このイメージの重なりが、後に上野の山にそのままのかたちで出現することになる。

明治六年、ウィーン万博に出張を命じられた田中が日本をあとにしている間、「博物館建設ノ議」を建議した博物局長町田久成は、当初の用地に当てられた日比谷山下町が動植物の育成には適さず、火災発生時には収集品も罹災する可能性があるとして、博物館建設の新たな用地として上野の山を候補にあげ、その獲得を目ざして策動を開始していた。

上野の山は彰義隊の戦いで荒廃し、跡地利用が問題となっていたが、一足先に名乗りを上げた大学東校（後に医学校）が病院用地としていち早くその大半を確保していた。町田は、医学校は物産局と同じく文部省の管轄だったので、最初、文部省の上司に訴えたが、埒があかない。そこで、方針を変え、薩摩閥の大物である内務卿大久保利通に取り入ることにした。欧米の視察を終えた大久保が産業振興のためには博覧会が不可欠と考えているのを知り、大久保を動かそうと思ったのである。

しかし、いかに政府の実力者であるとはいえ、内務卿の大久保が管轄違いの文部省の争いに口を挟むわけにはいかない。そこで、町田は博物局自体を内務省の管轄に変えてしまうというアイディアを思いつき大久保に進言。大久保もこのアイディアに乗った。こうして博物局が内務省管轄となると、町田は次の行動に移る。大久保が博覧会開催に固執しているのにかこつけて博物館の敷地を拡大し、そこに立派な博物館を建設しようと考えたのである。

「かれとしては、大博覧会が上野で開催されることになれば、それだけ新博物館の建設が遷延することになるけれども、諸般の事情を考えればそれもやむをえない。むしろ博物館開設の好機を利用して、将来の博物館をより広大な基盤のうえに置くように、もっていくことが得策であると考えた」（『動物

園の歴史　日本における動物園の成立』）

今日のわれわれの目から見ると、明治十年の内国博覧会が開催されたのを機に博物館が建設されたというのが少し奇異に感じられるのだが、それにはこうした町田の思惑が働いていたのである。いっぽう、上野の山にジャルダン・デ・プラントをという田中の夢は明治十五年に至ってようやく実現する。最初、小規模だった動物園は宮内省の管轄に移ったあと発展していったのである。

パリで出会った二人の男の夢、それが結晶したのが上野の博物館と動物園なのである。

（『うえの』二〇〇四年七月号、上野のれん会）

博覧会が上野をつくった

明治から大正にかけて、ヨーロッパから輸入された文明の利器が初めて日本に出現した場所がどこだったかを調べてみると、横浜か上野であるケースが多い。このうち横浜は外国人居留地のための設備がほとんどだから、直接、日本の民衆の耳目を引き付けた場所ということになれば、ここはやはり、上野をあげざるをえない。

とりわけ、公共の乗り物は、上野を一方の起点にして帝都に初登場することがあった。というのも、明治十年に第一回内国博覧会が開催されて以来、上野では毎年のように博覧会が開かれ多数の見物客がつめかけていたので、この見物客たちを大量輸送するための足がぜひとも必要だったからである。

まず最初に登場した公共の市内交通機関は、明治十五（一八八二）年に新橋‐浅草間に開通した鉄道馬車である。日本の都市では、ヨーロッパの都市のような舗装された街路というものが存在していなかったので、ヨーロッパ型の乗合馬車はなかなか普及しなかった。明治七年に一度同じ区間に、パリに走っていたような二階建て乗合馬車が開業したことがあったが、これは事故が多く、すぐに営業停止にされた。これに対し、鉄道馬車は、レールの部分だけを舗装すればいいので、パリやロンドンに遅れることわずか数年で、東京にも普及することになった。

さらに翌明治十六年、今度は、日本鉄道の上野‐熊谷間が開通し、上野停車場は、文字どおり北半分の日本に向かって開かれた玄関となった。

ついで、明治二十三年の第三回内国博覧会の際にデモンストレーションとして桜ヶ丘‐両大師間の五百メートルを走った電車は、明治三十六年には新橋‐上野間を走るようになり、鉄道馬車は翌年から姿を消した。この市街電車（トラムウェイ）の登場は、ヨーロッパの都市とほとんどタイム・ラグがない。また明治四十二年には、早くも上野を起点とする山手線が運転を開始し、上野は東京市内の鉄道交通の要衝となった。

このように上野は、博覧会のおかげで、他の盛り場にはみられないような「足」を確保することができたが、大正に入ると、その「足」の良さが今度は逆に、博覧会の開催をいっそう頻繁なものにすることになった。

すなわち、大正時代の上野では、大正元年の拓殖博覧会、二年の明治記念博覧会、三年の東京大正博覧会、四年の家庭博覧会と江戸記念博覧会、五年の海事水産博覧会、六年の奠都（てんと）五十年奉祝博覧会

東京大正博覧会のロープウェイ
毎日新聞社図書編集部編『日本の百年・写真でみる風俗文化史』 毎日新聞社 昭和34（1959）年

と化学工業博覧会、七年の電気博覧会、十一年の平和記念東京博覧会、というようにほとんど毎年、なんらかの博覧会が開かれ、帝都のみならず帝国の好奇心を一身に引き付けていたのである。

ところで、大正時代の博覧会を明治時代のそれと比べてみると、全体的に娯楽色が次第に強くなっていくのが目に付く。なかでも、大正三（一九一四）年の大正博覧会では、エスカレーター、ロープウェイなどの目新しい乗物が人気を集めたほか、「美人島探検館」というパヴィリオンが大きな呼び物となった。当時の新聞はこんなレポートを載せている。

「美人島の方は素敵な景気で、午後二時の開場前後の混雑と言ったら、全然喧嘩のような騒ぎだ。押され押されて這入って行くと、出雲美人、蛇体美人、無体美人など言う各種の美人が檻の奥深く見える」

この描写から察すると、美人島というのは、ス

東京大正博覧会の美人島の絵葉書
「南洋館　美人島旅行館」『東京大正博覧會記念』 青雲堂　大正３（1914）年？　東京都立中央図書館所蔵

トリップ的なエロチックな要素と、縁日のお化け屋敷的なグロテスクな要素が混然一体となった不思議な見世物だったようだが、時評記者の評価は意外と手厳しい。

「停まり停まって出口まで進むと、見物の批評がこうだ『こんな苦しい思いをしてみるより、吉原の張店をひやかしたほうがよほどましだ』と。まさに適評であろう」

本来、産業の素晴らしさを民衆に教えるための装置として登場したはずの博覧会が、このように変質したのは、ほかでもない、採算性の問題があるためである。すなわち、開催者は、なんとしても入場者の数を増やし、赤字幅を少なくしようとするので、その結果、もっともてっとり早い手段、つまり福引に訴えることとなる。この福引は、「幾たびか延び延びになった博覧会の唯一の人気取り策」と位置付けられていたので、「欲の深い連中が詰め掛けて十重二十重に人垣を作り」、数

百名の警官と対峙するまでの騒ぎとなった。

福引という人気集めの方法は、大正十一年の平和記念東京博覧会でも踏襲された。平和記念東京博覧会は、長く続いた大正不況から脱却するためのカンフル剤と期待されていたが、不況のせいか入場者数が思ったほど伸びなかった。そこで主催者は入場料を値下げして、起死回生をはかったが、それでも観客動員にはつながらなかったので最後は「例の福引を無茶苦茶にやり、欲で入場者を釣ろうとの算段」に出た。おかげで、主催者は元手の十五、六倍の入場料を手にし、なんとか赤字幅を小幅にくいとめることができた。

いずれにしても、初期の産業振興という理想はどこへやら、大正期の博覧会は教育的側面を失い、完全な民衆娯楽のひとつとなってしまっていたようである。

もっとも、こうした博覧会の変質は、文明生活がもはや驚異ではなくなり、民衆たちが純粋なアトラクションを求める余裕をもつようになったことを意味しているわけでもあり、それ自体では非難さるべき筋合のものではない。むしろ、変質した博覧会のなかから、遊園地、デパート、住宅展示場などの新しい都市のファクターが誕生してくることになるのだから、こうした変容のもつ意味は大きいとさえいえる。

それはさておき、大正期の上野ということに話を戻すなら、博覧会というイベントが、交通網の整備とあいまって、当時の上野に人を集める最大の要因となっていたことだけは確かなようである。とするならば、博覧会が昭和五年の海と空の博覧会を最後に上野から消えたとき、上野はその大きな魅力のひとつを失ったことにはならないだろうか。

たとえ、馬鹿馬鹿しいと非難されようと、胸がわくわくするような博覧会の魅力というのは、結局なにものにも代えがたいものだったのだ。ならば、いまいちど、上野に博覧会の灯をともすことはできないものか。たとえ、それが「博覧会の博覧会」であっても、博覧会ファンとしてはじつに有り難いのだが。

（『うえの』一九九二年一二月号、上野のれん会）

絶景、上野大博覧会

先日、展覧会を見に宇都宮まででかけたところ、目抜き通りに「上野」というデパートがあって感激した。たぶん、このデパートができたときには、「上野」という地名は、宇都宮では「パリ」とか「ロンドン」という響きをもって発音されていたのだろう。きっと、上野に行くような興奮が味わえるということで、この屋号が採用されたにちがいない（ただし、創業者が上野さんだったという可能性もある）〔後記。こちらが事実。明治二十八（一八九五）年に上野房之助が創業した「油屋呉服店」が始まり。昭和四（一九二九）年に「上野百貨店」と改称〕。

実際、一九二〇年代（大正の終わりから昭和の初め）には、東京の盛り場でも、上野は一番輝いていた！　第一に、上野には博覧会があった。松坂屋デパートがあった、広小路があった。東京見物といえば、まずは上野見物を意味していたのである。

昭和三（一九二八）年に出版された生方敏郎の小説『東京初上り』（現代ユウモア全集刊行会）には、「井中村」の村長さん「杢右衛門」が妻の「お芋」と娘の「おとめ」とともに、平和記念東京博覧会を見物するために上京する話が描かれているが、そのなかで「山下から広小路までの道幅の広さ！両側の家のイルミネーション！　三人は全く夢心地でたどった」と感嘆符をたくさんつけて上野の素晴らしさが列挙されている。それほどに、上野はアウラを放つ盛り場だったのである。

博覧会の「選ばれた地」

大久保利通の肝煎りで開かれた第一回内国勧業博覧会以来、博覧会といえば上野、上野といえば博覧会と相場はきまっていた。それは、東京の域内で、交通の便がよく、しかも、仮設のパヴィリオンを多数建設できる敷地がほかになかったからなのだろうが、いずれにしても、上野は、博覧会の「選ばれた地」であった。

ところで、内務省主催で明治十（一八七七）年、明治十四（一八八一）年、明治二十三（一八九〇）年と三回開かれた上野の内国勧業博覧会は、初期の万国博覧会の理念を学んだ政府指導部によって、欧米列強に伍する産業国家をつくるための国民教育装置と位置付けられていたために、娯楽的要素は意識的に排除されていたが、明治四十（一九〇七）年に同じく上野で開催された東京勧業博覧会からは、一九〇〇年のパリ万博の遊園地化の影響か、あきらかに、娯楽的、遊園地的な要素が前面におしだされるようになってきた。

ただし、娯楽的ファクターといってもこの段階では近代機械文明の素晴らしさを民衆に教えようと

いう教育的側面がショウ・アップ化されたレベルのものにとどまっていた。たとえば、この東京勧業博覧会の最大の呼び物は、不忍池をぐるりと取り囲んだ王宮風パヴィリオンを飾る数万個の電球で、夜ともなると、この大イリュミネーションが、不忍池に反射して光の洪水を引き起こし、民衆たちに、文明社会の到来を物質的な形で実感させた。夏目漱石は『虞美人草』のなかで「文明を刺激の袋の底に篩い寄せると博覧会になる。博覧会を鈍き夜の砂に漉せば燦たるイルミネーションになる。苟も生きてあらば、生きたる証拠を求めんがためにイルミネーションを見て、あっと驚かざるべからず」と語っているが、ようするに、民衆たちは、文明の利器の発するアウラに引き寄せられて博覧会にやってきたのだ。

そして、その驚きたがり屋の観客のために、主催者もサービス精神を発揮して、不思議館、世界周遊館、水晶館、ウォーター・シュートなどの遊園地的施設を設置したが、なかでも観客動員にあずかって力あったのがパリ万博そっくりの四十数メートルの大観覧車だった。この大観覧車は観客の人気を集め、小栗虫太郎の『絶景万国博覧会』の題材ともなった。こうした遊戯施設のおかげで入場者は六百八十万人にのぼった。第一回の内国勧業博覧会入場者数が四十五万人だから、これはたいした数字である。

このように、博覧会でウキウキした気分になって財布の紐がゆるんだ民衆を、上野のやり手の商人が黙って見すごすはずはない。かくして、同じ明治四十年、広小路にあった「いとう呉服店」(松坂屋の前身)は博覧会を機に店舗を全面改装し、旧来の座売り方式を廃止して、陳列式立売方式にあらためた。表にはショウ・ウィンドーを張り巡らし、初めて女子店員を採用して笑顔のサービスにつとめ

させた。この全面的改装は、なじみ客と番頭との間で言葉を介して行われていた商行為を、視線を介した近代的なものに変えるという大きな意味をもっていたが、じつは、基本的にすべてこれ、博覧会の展示方式をそのまま採用したものにすぎなかったのである。この販売法は、開店記念の粗品贈呈という呼び込み策もあって見事功を奏し、売り上げは倍増した。

平和博覧会一日周遊

さて、時代は一気に一九二〇年代にとんで、大正十一（一九二二）年。上野の森と不忍池の周辺は、史上最大といわれた東京大正博覧会を凌ぐ規模の平和記念東京博覧会の準備でわきかえっていた。

浅草（えんこ）を縄張り（しま）とする土建業者のあいだでは、長く続いた大正大不況から脱出する好機到来とばかり、過熱した入札争いが行われ、工事現場をダイナマイトで破壊されたことに怒りを爆発させた博徒、花田秀次郎が風間重吉とともに鮫島組に殴り込みをかけるなど血なまぐさい事件も相次いでいた。こうした抗争事件は昭和三年の御大礼記念国産振興東京博覧会でも繰り返され、武井繁次郎と名前を変えた花田は、桂木竜三を名乗る風間とともに今度は岩佐組に殴り込みをかけることになる。

前回の東京大正博覧会では、エレベーター、ケーブルカー、ガス風呂、ガス暖房、近代的下水道設備、飛行機などの文明の利器のほか、水中美人、幽霊美人、火中美人などの美人を次々に見ていく「美人島探検館」が人気を集めたが、今回の博覧会ではいったいどんな新発明やアトラクションが飛び出すのやらと帝都のみならず、帝国中の民衆の期待はいやがうえにも高まっていた。

三月一日、摂政宮殿下行啓を受けて開幕した平和記念東京博覧会は、初日から押すな押すなの大混雑となった。開幕を告げる打ち上げ花火のドカンドカンという音が見物客の足をなお一層速めさせる。『東京初上り』の杢右衛門さん一家は、甥の甚松に連れられて、さっそく初日に博覧会見物に出掛ける。会場は主に各種産業の製品を展示する上野の森の第一会場と植民地館や外国館が並ぶ不忍池の第二会場に分かれているが、一行は西郷さんの銅像を見物したあと、まず一番人気の植民地館のほうへ足を向ける。

「橋の上から見下ろすと、諸国出品の売店の前は、まるで人間の頭を敷きつめた様に真黒に人の頭ばかりで路面は少しも見えない。橋の前には龍宮館がまだ出来上がらず、大工がガチガチ叩きつけていた。池に向かって右手に北海道館が見え、その後ろに怪異な装飾の満蒙館がグロテスクな台湾館に押し並んでいる。ハイカラな洋服紳士、ハイカラな奥さん、洋服姿の可愛い坊ちゃんお嬢ちゃん、田舎ブルジョワの一家族、田舎のお爺さんお婆さん、やつれた顔の洋服細民和服細民、丁稚女中貴賤上下老若男女ゴチャゴチャに押し合いへしあい行き違う。(中略)花火の音の合間合間にドタドタどかどかという音のするのは水上飛行機だ。池畔へ立つ群集を押し分け、一行は前の方へ押し出して見ると、飛行機のような翼を付けた屋台船が、池の上を這い回っている」

水上飛行機は飛び上がりこそしなかったが、いちおう本物だった。だが、この第二会場で一番人気をあつめたのは、なんといっても南洋館だった。当時の絵入り新聞は、こんなふうに報じている。

「南洋土人の入京という報道に都の人、文明人は何だか劣等人種の入貢の様な気がした。然し、南洋女優――それは一体、如何なる美人だろうかという疑問や好奇心が都人士の心を支配する。更に椰子

平和記念東京博覧会の南洋館の絵葉書

「南洋館」『平和記念東京博覽會』 Shoseido［ほか］ 大正 11（1922）年？ 東京都立中央図書館所蔵

の実の薫る南の国は、又、一般に北国の人の憧憬でなくてはならない。南洋情緒——何とロマンチックではないか。即ち南洋館の女優の原始的な舞芸が都人士の眼を刺激している」

一八六七年のパリ万博に、三人の柳橋の芸者が見世物として「出品」されてから五十余年、大日本帝国は、いつのまにか「南洋土人」を展示する側に回ったのである。この南洋館の二階の接待席には香り高い紅茶が用意され、人々の嗅覚を刺激していた。

だが、見世物ということだったら、やはり第一会場の万国街にとどめを刺す。当時の呼び込みビラにいわく。

「世界の大驚異オットセーの曲芸、世界無比米国黒人ダンス、全世界を衝動せる埃及筋肉ダンス、抱腹絶倒チャーレー・チャップリン二世の大活動、欧米を驚倒せる布哇のフラダンス、人か馬か神か学者馬の実験、妙技神に入るカーボーイの大放れ

業、千古の大秘術アラビヤン人魔宮殿、大奇観自動車の空中飛行、通力自在美人雲間のダンス、喩絶快絶万国街大歌劇。場内は清涼設備も完全して居ります。万国街を見ぬ人は平和博を見たとは言われません」

ようするに万国街というのはサーカス小屋のことだったらしいが、もちろん、博覧会場にはこうした見世物然としたものばかりがあったわけではない。たとえば、「文化村」と称された一画には、十四軒の文化住宅、つまりは廉価で清潔で便利な洋風のモデル・ハウスが展示され、アッパー・ミドルのライフ・スタイルへの憧憬を誘っていた。そのほか、染色館を始めとするさまざまなパヴィリオンに、三越、白木屋、高島屋などのデパートが競うように自慢の商品を展示して、豊かな暮らしが手の届くところまできたことを教えていた。

お上りさんのデパート体験

だが、こうした商品をただ見ているだけだったら、それを手に取って触れることができ、しかも気にいれば買うことのできるデパートに直接出掛けたほうがいいのではないか。さいわい、目と鼻の先の広小路に、大正六年に新築された四階建ての松坂屋があるので、『東京初上り』の杢右衛門さん一家と一緒に覗いてみることにしよう。

木骨石張り人造石洗いだし仕上げの当時の松坂屋は、外壁に立派な装飾を施し、角にはドームを配した、パリのギャルリ・ラファイエット風の壮麗な大建築だった。店内にはエレベーター、商品リフト、人名表示ランプなどの最新機械設備が完備し、大ホールにはシャンデリアが輝き、少年音楽隊が

華やかなマーチを奏でていた。

　このデパートの前の広小路を市電が縦横に走る様は、これぞ大都会の光景以外の何物でもなかった。杢右衛門さん一家は、東京見物の仕上げにこの松坂屋を訪れる。

「一行はもはやエレヴエーターには、二度目の経験だから左迄驚かなかったが、まず四階へ上がり、子供部の玩具や可愛らしい洋服や帽子等から見始め、陶器や塗物など一々細かに見て三階二階と順々に見ながら下りた」

　杢右衛門さんとお芋夫人が驚いたのは、女店員がみな美人ぞろいのことだった。お芋夫人は「こんな立派な家を建てて、あんな美しい女の番頭さんを多勢置いては、かかりが多いから品物もなかなか安くはあるまいね」と心配するので、甥の甚松は、こう言って安心させる。

「小さい店のように、客をハメル事はありませんから、少しは高くも安心して買うことが出来ますから、我々みたいな何も知らない人間にはかえって三越白木やこういう大店のほうがいいですよ。それにこういうところの販売政策かどうか知りませんが、品によっては大変安い物があります。ドロップの缶なんか菓子屋とこことは三割方も違い安く買われます」

　当時から、誠実第一や目玉商品といった商法がデパートには定着していたようである。

　ところで、杢右衛門さんは最初、松坂屋の建物を仰いだとき、「今にも崩れて上から押しかぶさって来そうな」予感を感じて気味悪く思ったのだが、この予感はちょうど一年半後に現実のものになる。大正十二年九月一日、関東大震災で松坂屋は倒壊は免れたものの、翌日の猛火に全焼してしまうのである。だが、その年の十二月には早くも木造二階建ての仮建築が建って営業が再開され、さらに六年

後の昭和二年、八千坪のルネッサンス風の新店舗が完成し、東京での名建築のひとつに数えられることになる。

いまでも階段などに当時の荘重華麗な姿を残すこの松坂屋上野店の屋上に上って不忍池と上野の山を鳥瞰すると、なぜかドカンドカンという打ち上げ花火の音が聞こえ、博覧会の熱気が蘇ってくるような気がする。ああ、絶景、上野大博覧会！

後記　内国博覧会については、吉見俊哉氏の論文「博覧会の歴史的変容」を参照し、また松坂屋の資料については、上野のれん会『うえの』の編集長大内秀夫氏に御教示をいただいた。記して感謝のしるしとしたい。

（『東京人』一九九二年一一月号、都市出版）

日比谷公園

日比谷公園を造った本多静六という人

日比谷公園が開園百年を迎える（二〇〇三年）ということで久しぶりに園内を歩いてみた。

夏らしい日がほとんどなかった八月にひきかえ、これから夏に向かうのではないかと錯覚するほど暑い九月上旬の夕刻、日比谷茶廊のテラスでドラフト・ギネスのパイント・ジョッキを傾けながら夕闇が迫るのを待っていると、五十余年にわたる人生における日比谷公園とのかかわりがフラッシュ・バックのように甦ってくる。

とりわけ思い出すのが、修士論文を書き終えたあと三ヵ月ほど日比谷市政会館の時事通信社でアルバイトをしていたときのこと。現在は外交評論家として活躍しておられる田久保忠衛氏が外信部長で、私はその下でスクラップ・ブック作りなどの雑役仕事をしていた。昼休みに公園のベンチで菓子パン

をかじりながら、ＯＬと若いサラリーマンが楽しげにバドミントンをしているのを眺めていると、萩原朔太郎の「公園の椅子」の冒頭の二行が心に浮かんで、自分だけが、繁栄へと向かおうとしている時代に取り残されたんじゃないかと、妙なルサンチマンを感じたことを覚えている。

「人気なき公園の椅子にもたれて
われの思ふことはけふもまた烈しきなり」

実際、公園の椅子（ベンチ）というのは、考えてみれば、不思議なものだ。そこでは、愛と絶望、希望と落胆、恋情と怨恨がなんの脈絡もなく隣あわせ、同じ花壇、同じ噴水、同じ樹木をてんでんバラバラな思いで見つめている。それらの思惟は、萩原朔太郎のいうような、ある「烈しさ」の一点では一致するものの、その存在の形態はまったくのアト・ランダムである。しかし、そのアト・ランダムが成り立つには、公園の「同じ花壇、同じ噴水、同じ樹木」がそこにあることが必要なのだ。これこそは、都市という「近代」の中に収められた公園という「制度」が生み出した現象であり、農村共同体の中では決して起こらなかったことではないだろうか？

と、とりあえず日比谷公園に関する個人的な記憶と近代の公園制度の接点を探してみたが、日比谷公園の成立を調べてみると、こうしたアプローチもまんざら見当違いではないのではと思えてくるところがある。というのも、日比谷公園という日本初の近代的公園は、明治の人々が個々に思い描いていた「公園」のイメージが、一つの共同幻想となって結実したという背景があるからだ。

では、日比谷公園を誕生させた共同幻想とはなんだったのだろうか？

あれもダメ、これも却下の日本最初の近代公園プラン

研究書が一致して指摘しているように、日比谷公園の誕生の原点には、明治十五（一八八二）年に東京府知事に就任した内務省少輔芳川顕正が内務省に上申した「市区改正意見書」がある。これは、日本初の都市計画と呼べるもので、交通エキスパートの原口要が立案した計画だったが、藤森照信氏の『明治の東京計画』（岩波書店）によれば、その根幹にはセーヌ県知事オスマンによるパリ大改造のイメージがあった。したがって、緑豊かな大公園は当然計画の中心を占めていたはずだが、明治十八年に市区改正審議会が内務省へ復申した計画案には、まだ日比谷公園は現れてきてはいない。

ところが、幸か不幸か、内務省が推進しようとした市区改正計画は、外務卿井上馨が「東京全体の鹿鳴館化」を目論んで設置した外務省臨時建築局の官庁集中計画とぶつかり、二年間、宙づり状態となる。

この間、井上馨の招請したドイツ人建築家エンデとベックマン、それにホープレヒトは日比谷練兵場の広大な敷地を使ってパリを範とするバロック風の官庁街を立案し、その中心に広大な公園を据えることを決定したが、この官庁集中計画も、井上馨が条約改正に失敗して外務省を去ると同時に挫折し、外務省臨時建築局も明治二十年九月に内務省へと移管され、建築局総裁には山尾庸三が就任する。日比谷公園が突如浮上したのはこのときである。すなわち、壮大にすぎた官庁集中化計画が縮小されるにともなって、空いた空間の利用法として、これを公園とするプランが山尾庸三案となって生まれたのである。

「同年〔明治二十一年〕九月　ホープレヒトとエンデにより決められた日比谷練兵場跡へのロの字型計

画を崩し、海寄り半分の軟弱地は公園とし、そこに予定の諸官庁は山側の外桜田町へ移すことを決定（図53参照）。なお公園計画は市区改正委員会に引きつがれる」（藤森照信『明治の東京計画』）

すなわち、明治十八年の市区改正プランではなかった日比谷公園が、井上馨主導の官庁集中化計画の挫折を経ることによってにわかに浮上し、新たな市区改正計画の大きな柱となったというわけである。

しかしながら、日比谷公園の建設が内務省の市区改正委員会で決定し、その計画の所管が明治二十六年に内務省から東京市に移っても、日比谷練兵場あとに建設すべき日比谷公園のイメージはなかなか定まらなかった。当時、コンドルに教えを受けた日本人建築家こそ生まれていたが、欧米スタイルの公園を造成できるような造園家は一人も存在していなかったためである。

その結果、どういうことが起きたかというと、かくあらまほしき近代公園の漠としたイメージだけは東京市会にあるものの、それが具体性を帯びていないため、次々に提案される日比谷公園のプランは、あれもダメこれもダメと却下されることになる。

この過程を詳しく検討した白幡洋三郎氏の『近代都市公園史の研究　欧化の系譜』（思文閣出版）によると、最初にプランを練ったのは東京市自身で、庭園掛長長岡安平の手になると思われる設計案には日本にも欧米と遜色のない近代的公園をという思いが込められており、以後、さまざまなプランの検討のさいに一種の基調音となったという。

たとえば、市会で否決されたものの一つに、明治期の植木屋たちが組織する日本園芸会の提出したプランがある。これは、植物園と運動所という欧風の施設を和風庭園の様式にはめ込んだようなもので、いわば日本建築史における擬洋風ともいえる様式だったが、欧風公園しか頭にない市会

の議員たちにはまったくアピールしなかった。次いで提案された公園改良取調委員会の設計案も、盆栽や茶屋などを中心とした和風庭園を基調にしていたため、簡単に否決される。どうも、市会の議員たちが頭で思い描いていたような欧風の近代的公園のプランがあがってこないのだ。

そこで、業を煮やした市会は、もうこれしかないと思い定めて、明治三十二年、東京帝国大学教授の辰野金吾に日比谷公園の設計を依頼する。しかし、辰野金吾は、建築の分野でこそ大エースだったが、公園の造園に関してはほとんど素人同然だった。そのため、ようやくあがってきた辰野案を見ても、市会は首を縦にふることはできない。やはりどうもイメージが違うのである。

困ったのは辰野である。市会から再度プランの変更を願い出られても、ない知恵は絞りようがない。そんなところに、ひょっこり現れたのが、東京帝国大学農科大学の教授になったばかりの林学博士本多静六である。

「明治三十三年の秋、私は東京府の多摩川水源調査嘱託として、東京市庁に出入りするうち、たまたま市の顧問であつた辰野金吾博士の室を訪れた。そのとき、同氏が日比谷公園の設計図を書いて居られたので、話の序でに少しばかり意見を述べたところ、『君はそんなに公園のことを知つてゐるのか、自分は建築のことならともかく、公園の方はまつたく初めてだ、実は東京市では日比谷練兵場跡に大公園を造ることになり、数年来庭師や茶の宗匠などに設計してもらつたが、どれもこれも市会を通らない。そして市会の希望は、日本に初めての新設公園だから、大体新式な西洋風の公園を造りたいというふ。その設計を頼まれて困り切つてゐるところだ。君一つやつてくれないか。』といつて、無理矢理にその地形図を私に押し付けてきた。そこで私も已むを得ず、農科大学に持ち帰り、一週間ばかり

かゝつて作つた下図を持参したところ、辰野博士は大いに賛成されて早速私のことを松田市長に話し、私は市長から改めて公園設計を嘱託されることになつた」（『本多静六体験八十五年』大日本雄辯會講談社）

ここからもわかるように、日比谷公園は、まったくの偶然から西洋造園学の専門家以外の頭脳から生まれたのである。そして、この偶然は同時に、日本の公園の父の誕生のきっかけともなった。なぜなら、日比谷公園の造園を契機に、本多静六は、明治神宮をはじめとする日本の公園や公立公園のほとんどを独力で造る造園学の巨人へと成長してゆくことになるからである。

では日本公園史に巨大な足跡を刻んだ「日本の公園の父」本多静六とはいかなる人物だったのだろうか？

日本の公園の父にして、独自の蓄財法の成功者

戦後生まれの私はまったく知らなかったのだが、昭和二十七年に八十五歳で没するまで、本多静六は、その偉大な業績とはまったく別のところで、大変な有名人であったようだ。というのも、その独特の蓄財法や禁欲的な人生哲学を著作や講演で公にすることで、本多静六はサクセス・ストーリーに憧れる多くの人々の信仰を集めていたからである。その信条は『人生と財産　私の財産告白』（日本経営合理化協会出版局）に窺うことができるが、しかし、その前に、一通り、本多静六の人となりを概観しておくことが必要だろう。

本多静六は慶応二（一八六六）年南埼玉郡河原井村（現・久喜市菖蒲町河原井）に、村一番の旧家である折原家の第六子三男として生まれた。九歳のとき父親が急死したため、一家は極貧の生活を余儀な

くされる。が、向学心に燃える静六は同郷の先輩の書生となり、猛勉強を続ける。その甲斐あって、明治十七年には東京山林学校に入学。東京山林学校は明治十九年に駒場農学校と合併し、翌年東京帝国大学農科大学となる。

明治二十二年、まだ大学生だった静六の人生の転機が訪れる。元彰義隊隊長本多晋に見込まれ、ドイツ留学を条件に本多家の一人娘の婿養子となったのである。

ドイツではドレスデン郊外のターラント林学校とミュンヘン大学で学び、経済学の博士号を得る。明治二十五年に帰国すると農科大学助教授に任ぜられて年俸八百円を得るが、親類縁者が押し寄せたため、本多は九人の家族を養わなければならないはめになる。そこで、彼は乏しい家計と戦うために人生の一大決心をする。

「貧乏を征服するには、まず貧乏をこちらから進んでやっつけなければならぬと考えた。（中略）そこで断然決意して実行に移ったのが、本多式『四分の一天引き貯金法』である。（中略）いくらでもいい、収入があった時、容赦なくまずその四分の一を天引きにして貯金してしまう。そうして、その余の四分の三で、いっそう苦しい生活を覚悟の上で押し通すことである」

こうして貯まった資金で本多静六は日本鉄道株を買い、次にその株を売り抜けて得た資金で秩父の山奥の山林を八千町歩買った。これが後におおいに値上がりし、山林の立木の時価だけでも二百八十万円（今日の貨幣価値に換算して約百億円）になったのである。

まったく、ものすごい蓄財法というほかないが、じつはこの蓄財法、ミュンヘン大学の恩師ブレンターノ博士が本多の帰国に際して伝授してくれた方法なのである。ブレンターノ博士は、お前もよく

勉強するが、貧乏生活をつづけていては仕方がない、学者でも独立生活ができるだけの財産を拵えなければ、金のために自由を制せられ、心にもない屈従を強いられることになると忠告したのだ。

まさにその通りである。いつまでたっても貧乏生活を脱出できぬ学者兼物書きとして、この言葉は身にしみる。ブレンターノ博士は続けて、財産をつくるには基本は勤勉貯蓄だが、それだけではたかが知れているから、一定額がたまったら、幹線鉄道と安い土地と山林に投資するがいい、ドイツが発展する過程で起こったことは必ず日本でも起きるからと助言してくれたので、日本人の弟子はその通りに実行したというわけだ。

その結果、本多静六は日本でも有数の資産家となったが、「財産はいくら積んだとて、あの世には持っていかれぬ」という安田善次郎の教訓にならって、大学の定年退職を機に、そのほとんどを公益の関係諸団体に寄付することとなる。

このように本多静六はドイツで会得した人生哲学と蓄財法によって、林学と造園学という専門以外のところでも有名となったが、日比谷公園に関していえば、それは彼のキャリアの始まりの部分に当たる。したがって、日比谷公園が「日本の公園の父」の作品として傑作に値いするか否かはまた別の問題である。そのことを最後に検討してみよう。

フランス式でも、イギリス式でもない、共同幻想の庭

時間の針を、本多静六が辰野金吾の研究室を訪れた明治三十三年の秋に戻そう。

このとき、辰野から無理矢理日比谷公園の設計を押し付けられた本多静六はピンチを切り抜けるた

め、ドイツから持ち帰ったマックス・ベルトラムの『造園設計図案』に助けを仰いだ。白幡洋三郎氏の『近代都市公園史の研究』に拠れば、「活用したというよりは図15－17で示した三つの図面から、園路もほぼそのまま丸写しにした」らしいが、しかし、この借用に関しては、本多静六自身が『本多静六体験八十五年』で自ら「鶴の噴水のある雲形池は、ドイツのベルトラムの公園書中の模範図をそのまま借用し、他の遊歩道や運動場も、ドイツ公園の型をそれぞれ応用してやることにし」と語っているので、無断借用が問題となるわけではない。この程度の借用は、当時の日本の学術輸入の仕方から考えれば、いささかも非難するには当たらない行為である。現に、今日でも、「影響」という名の下にもっとひどい借用がまかり通っている。

私がむしろ、日比谷公園成立史で問題にしたいのは、本多静六が日本初の公園のモデルとして、もっぱらドイツ造園学に拠ったことである。

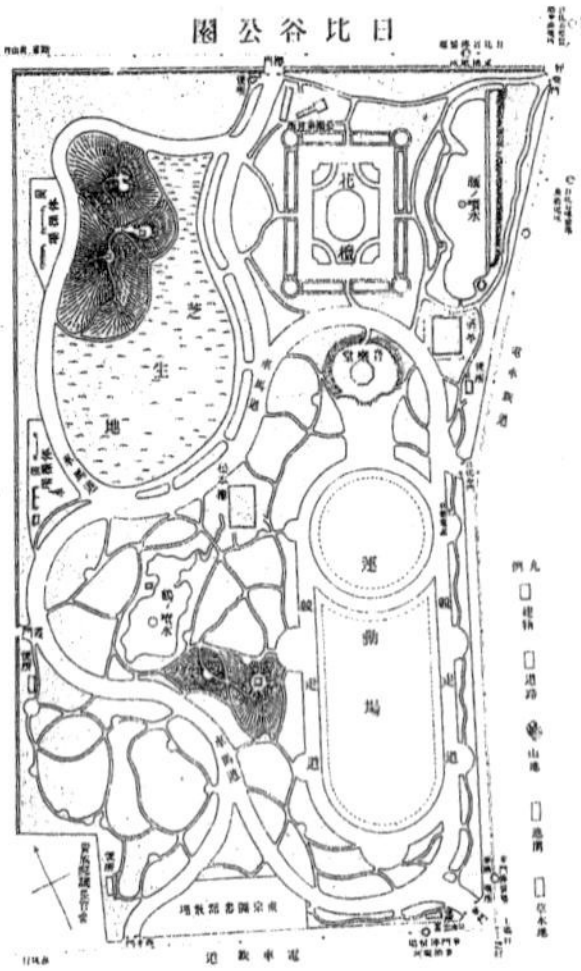

日比谷公園の地図
東京市市史編纂係編『東京案内　上巻』
裳華房　明治40（1907）年

なんのことかといえば、ヨーロッパの造園史において、ドイツ造園学はオリジナリティーを示したユニークな造園学では決してなく、ヴェルサイユ宮殿に代表される幾何学的なフランス庭園と、ハイドパークに代表される自然を生かしたイギリス庭園の折衷の上になりたった中途半端な造園学にすぎないということである。おそらく、本多静六が範を仰いだマックス・ベル

トラムの『造園設計図案』も、フランス庭園とイギリス庭園の設計図案の良いとこ取りをした「引用図案」だったにちがいない。

このことが本多静六の日比谷公園のプランの性格をある意味で決定づけた。すなわち、ヨーロッパ庭園の二大規範の「引用の引用」、つまり「孫引き」である本多静六のプランは、それゆえにオリジナルの思想（フランス庭園なら幾何学、イギリス庭園なら自然）を二重に欠いていた。その結果、日比谷公園はわれわれがパリやロンドンの公園に一歩足を踏み入れたときに感ずる思想性をまったく持たない公園になったのである。

しかし、逆説的なことだが、そうした思想性の欠如にもかかわらず、いや、それがゆえに、日比谷公園はある一つのイメージ、言葉をかえていえば明治という時代の「共同幻想」を表すことになる。それは、西洋的な規範に憧れながら日本という風土の呪縛を免れえない近代日本人が、生み出すアンビヴァレントな「共同幻想」である。西洋的な文物と日本的な情念のアマルガムから生じたそうした共同幻想を、われわれは日比谷公園を歩いているときに至るところに感じるのだ。

この意味で、刻苦勉励型の日本人の典型であった本多静六がドイツ留学から帰って間もない時期に、ほとんど無意識の中から生み出した日比谷公園は、明治の日本人が抱えこみ、平成の今日まで脈々と続く共同幻想をよく表しているのである。

（『東京人』二〇〇三年一一月号、都市出版）

カフェ

「カフェ＝珈琲を飲ませる場所」こと始め

どこで読んだかもう忘れてしまったが、喫茶店という言葉できまって思い出すのは、あの『感じるんです』の宇能鴻一郎氏が書いていたエッセイである。

宇能鴻一郎氏がまだ東大国文科の学生（ちなみに宇能鴻一郎というのは東大経済学部の花形教授だった宇野弘蔵と鈴木鴻一郎を併せて一つにしたペンネームである）だった頃というから昭和三十年代の半ばだろうか、地方から上京したばかりの純情一途の青年にとって、「純喫茶」というトポスが、とてつもない悪所に感じられたという。なぜなら、その当時の純喫茶（これ自体が今では死語だ）というのは、どれも判で押したように、外にむかって固く扉を閉ざし、窓も中をのぞけないような濃い色ガラスで覆っていて、ただ「純喫茶〇〇」と書いてあるだけだったから、外からうかがった限りでは中でなにをやって

いるのかまったく見当がつかなかった。見ていると、しきりに男女が出入りする。そのわけのわからなさが宇能青年の想像力を刺激した。なにやら、ひどくイヤラシイことが中で行われているのではないかと思うと、いてもたってもいられなくなり、あるとき一大決心をして、純喫茶の扉の前に立ったが、気後れして中に入れず、前を二度三度と行き来する。今ならフーゾク初体験の若者のような感じである。だが、最後に、ままよ、と思い切って中に入ったら、数人のウェートレスが「いらっしゃいませ」と一斉に声をかけてきたので、完全に足が地につかなくなった。空いている席に案内され「なにになさいます?」と尋ねられたので「コーヒー」と言おうとするのだが、緊張で喉がヒリついて声が出てこない。しかたなく見せられたメニューをさして注文を済ませたが、そのときになってようやく落ち着いてまわりを見回すと、まったく、なんということのない平和な光景である。ウソだろう、と思うが、皆、ただコーヒーを飲んだり、雑談しているだけで、想像していたような魑魅魍魎の世界はどこにもない。いや、これからなにか起こるのだと自分に納得させて一時間、二時間と待ったが、結局、想像していたようなことはなにひとつ起こらなかったのでしかたなく帰ってきた、とある。

この感覚、わかるなあ。というのも、高校一年のとき、私もこれとまったく同じ気持ちを味わったからだ。ただし、私の場合は、純喫茶ではなくモダン・ジャズ喫茶でのことである。横浜野毛にあった「シンバル」というジャズ喫茶に入ったとき(一九六五年の夏)の私の胸の高まりと緊張感は、純喫茶に入った宇能青年と逐一同一で、そのあとの「なあんだ」という落胆というか安心感までそっくりである。あの頃は、売春防止法が施行されて何年かたってはいたが、まだピンサロのようなお色気風俗は登場していなかったから、その分、想像力だけが膨らんで、純喫茶やジャズ喫茶にそれが投影さ

れていたのだろう。いずれにしても、今日の風俗状況を見るにつけ、隔世の感のある喫茶店初体験ではある。

日本のカフェ文化の先駆け「プランタン」は、洋酒主体

さて、二十世紀と二十一世紀の区切りであるこの二〇〇〇年において、喫茶店という言葉は、どの程度流通しているのだろうか？　案外、もう使われなくなっている言葉なのではないか。少なくとも店名に「喫茶」と入った店は完全に過去の遺物と化している。

では、現在、喫茶店に代わって流通力をもっている普通名詞は何かというとこれがカフェなのである。なんだ当たり前じゃないかというなかれ。フランス語のカフェが日本で普通名詞として用いられるに至るには、思いのほか複雑な受容経路をたどっているからである。

日本最初の喫茶店「可否茶館」跡地

コーヒーを飲ませることを売り物にした飲食店という意味でのカフェないしは喫茶店の歴史をひもといてみると、ほとんどの記述は一致している。すなわち、コーヒーを飲ませる店としての第一号は、江戸時代に長崎で通事（通訳）をつとめていた鄭永慶が明治二十一（一八八八）年に、欧米のカフェを参考にして上野に開いた「可否茶館（かひさかん）」だという。

「『可否茶館』は、支那の茶館、西洋のカツヘーを狙ひ、『カ

ヒー一碗代価金壱銭五厘、同牛乳入一碗代価金弐銭』を標記し、新聞雑誌室あり、便衣室あり、運動具備はり、大期待にて開きしなり。当時、この可否茶館の利用方法を市人に鼓吹せんがために、来客に配りし小冊子（奥山氏の複製品あり）伝はる」（石井研堂『明治事物起源』）

当時の日本人にとって、コーヒーは苦くて煙臭い飲み物としか感じられなかったようだが、そのハイカラな雰囲気はスノッブには受けたようで、硯友社系統の文人が相当これに肩入れしたと勝本清一郎は「カフェー」というエッセイに書いている。硯友社員の石橋思案が長崎の出身だったことから、同じ長崎生まれの鄭永慶を支援したらしい。

「思案はこの可否茶館を会場にして東京金蘭会と称する男女交際会の会合をしばしば催した。その会では当時の帝大生たちが流行の清楽合奏などしたが、主催者の思案もまだ二十歳代の学生だった」（勝本清一郎「カフェー」）

カフェでの男女交際会とは、いかにも鹿鳴館時代らしいハイカラでリベラルな雰囲気ではないか。石橋思案に限らず、この時代の硯友者一党はみな二十代で若く、しかも地方出身者が多かったから、可否茶館というハイカラな場所で名家の女学生と知り合いたいという下心をもっていたにちがいない。同じ勝本清一郎によれば、『我楽多文庫』の十九号には川上眉山の「黄菊白菊」という小説の連載第五回目が載っていて、そこの文章と挿絵にこの「可否茶館」が描かれているという。眉山の文章は次の通り。

「敬三は下谷の可否茶館に。そゞろあるきの足休めして。安楽椅子（イーヂーチエヤー）に腰の疲を慰め。一碗の珈琲に。お客様の役目をすまして。新聞雑誌気に向いた所ばかり読ちらして余念と苦労は

露ほどもなかりし。隣のテーブルには束髪の娘二人」

束髪の娘二人は、長い羽織に洋靴のいで立ちというから、ずいぶんとアヴァンギャルドな格好だったようだ。いずれにしても若い女性客が連れ添ってきているという点が明治の二十年代のカフェらしい。パリのカフェに範を仰ぎ、コーヒーだけではなくベルモット、ブランデーなどの洋酒も出していたが、この時代にあってはハイカラ過ぎたのか、いっこうに客が集まらず、四年足らずで廃業したようだ。いまだカフェ革命の機熟さず「前段階蜂起」は失敗したのである。

では、日本の社会にカフェ文化が定着したのはいつのことかというと、たいがいの本は、洋画家の松山省三が、明治四十四（一九一一）年三月に銀座は日吉町に開いたカフェー・プランタンをあげている。

たとえば安藤更生の『銀座細見』にはこうある。

「カフェは、この名が単に文字や帰朝者の言葉でなくして、現実のものとなったのは、この家〔カフェー・プランタン〕がはじめてである。今日銀座のカフェをわが家のごとく歩いている青年たちでも、このプランタンが、日本最初のカフェであり、その昔、多くの文人たちの集まる場所で、日本の新しい文学運動、芸術運動はこの家を中心にして捲き起こったのだといっても過言でないほどであるのを知る者は稀になった。思えば日本のカフェの歴史も古くなったものである」

安藤更生は明治三十三（一九〇〇）年東京の生まれで、十五歳のときに初めて夜の銀座を散歩し、カフェー・プランタンに入った。以来、銀座のカフェの栄枯盛衰を観察しつづけ、時代のもっとも貴重な証言者となったのである。安藤更生によれば、カフェー・プランタンの建物は、その昔、博徒が

根城としていたレンガ街時代のものでかなり荒れ果てていたが、やがて、内装工事が始まり、黒塗りの看板が立ち上がると、そこに大きく金文字でCafe Printempsと書いてあったという。

Cafe Printempsというフランス語のロゴが示す通り、これは、一九〇〇年前後からパリ詣を始めていた洋画家や演劇人たちが、芸術的ムーブメントのきっかけになるようなオープンなカフェを日本にも作ろうとしたものである。つまり、カフェー・プランタンは初めから、芸術運動のゆりかごとして誕生したのである。

プランタンという名前は顧問格の小山内薫の命名によるものである。最初は自由劇場にちなんでカフェ・リーブルとする案もあったが、大逆事件直後ゆえ、無難なプランタン（春）に落ち着いたらしい。とはいえ、その時代の人はプランタンなどといわれても正確に発音できないのでブランタンと呼んでいた。柳家小さんは「ブライカン」と覚えていたという。

なじみがないという点ではカフェという業態も同じだった。カフェっていったいなんだというわけである。そこで、カフェという「制度」への理解を深めるために、松山ら経営陣は会費五十銭で維持会員を募って倶楽部を作ることにした。その維持会員のメンバーというのが実に豪華そのものである。まず洋画壇の黒田清輝、岡田三郎助、和田英作、文壇の森鷗外、永井荷風、正宗白鳥、谷崎潤一郎、徳田秋声、岡本綺堂、中沢臨川、押川春浪、詩壇・歌壇の高村光太郎、北原白秋、木下杢太郎、吉井勇、劇壇の坪内逍遥、小山内薫、島村抱月、歌舞伎役者・俳優の市村羽左衛門、市川左団次、中村歌右衛門、尾上菊五郎、市川猿之助、伊井蓉峰、ジャーナリストの長谷川如是閑、松崎天民、政治家の鳩山一郎、大山郁夫。さらに特徴的なのは、女流作家や女優も会員になっていたことで、長谷川時雨、

岡田八千代、松井須磨子、丹いね子など、いずれもそうそうたるメンバーである。たしかに安藤更生のいうとおり「この顔触れによっても当初のカフェというものが、いかなる人々によって産まれ、いかなる人々によって支持されたかが解るであろう」。

こうした文学・芸術カフェをつくろうという発想は、ロドルフ・サリスが一八八二年にパリにつくった文学キャバレー「シャ・ノワール（黒猫）」あたりに発していると思われる。というのも、シャ・ノワールは初めから芸術家や文人の有名人の客を売り物にしていたからだ。つまり、そこに行けば有名人の談論風発の様子を眺めることができると客に思わせるような飲食施設である。ベル・エポックにはシャ・ノワールのこうしたコンセプトをカフェに移し替えた文芸カフェがパリのいたるところに誕生し、在パリの日本人も足しげくそこに通うようになっていた。カフェー・プランタンはそうした文学・芸術カフェの日本版だったのである。

「青年はいっせいに新しい文学の方へ動いて行った。こんな空気を背景にしてプランタンは、いわばそれらの芸術家の創作の一つとして生まれ出たのであった。当時のプランタンの二階は一種のバルナスであった。文学青年男女にとっては、このやや発音しにくいプランタンの名は耐え難いほどの魅力があったのだ」（安藤更生）

なるほど、これでカフェー・プランタンが日本のカフェ文化の先駆けとなったことはわかった。しかし、カフェ・喫茶店の歴史の立場からすると、二つほど疑問が生じる。一つはそこで供されていた飲み物の種類の問題。もう一つはそれを給仕する人間の問題である。

カフェー・プランタンに関する安藤更生の記述を読んでいて気になるのは、カフェー・プランタン

ではコーヒーではなく洋酒類が主体となっていたらしいことである。
「カクテルやリキュールは当時ほとんど一般の人には知られていなかった。（中略）それをこのプランタンでは出来るだけいろいろの酒を集めたのであった。カクテルや五色の酒もこのころになってはじめて作られた。（中略）若き人々ははじめて未知の酒味を味わい得たのであった。巴里の放浪詩人ヴェルレエヌが嗜んだというアプサントも、この時はじめて人々に紹介された」

これは子細に検討してみるに値する証言である。というのもカフェー・プランタンと称しながら、どうやら経営者の頭には「カフェ＝コーヒーを飲ませる場所」というイメージはまったく入っていなかったからである。カフェー・プランタンでもコーヒーは供されたのか？　その点ははっきりしないが、いずれにしろ、カフェー・プランタンが初めから「カフェ＝洋酒を飲ませる場所」としてスタートしたことは明らかである。

なぜこうしたことが起こったのか？　理由はいくつか考えられるが、一つには世紀末にフランスのカフェそのものの性質がかなり変化したことがあげられる。

フランスのカフェの主体がその名の通りコーヒーであることは今も昔も変わらないし、酒類が供されていたことも事実である。とはいえ、一八七〇年代までは、酒類のほとんどはワインであった。つまり、カフェというのはコーヒーかワインを飲ませる場所だった。ところが、一八七〇年代に大きな変化が起きる。酒類がワインから、リキュールなどの蒸留酒に変わったのである。これはフィロキセラの害でフランスのワインとブランデーが全滅したことが大きく関係している。つまり、ワインの不足を補うために、テンサイ糖から作った蒸留酒がカフェの主力商品となったのである。その結果、世

紀末のカフェといえば、酒類は色とりどりのリキュールがバーの背後の棚を占める酒場になった。世紀末から世紀初頭にかけてパリを訪れた日本人は、カフェをこうしたイメージで捉えたのである。ひとことでいえば、その出発の時点から、日本人はカフェを洋酒酒場として理解していたのだ。

だが、この仮説ではもう一つの現象が説明できない。すなわち、なぜ、カフェー・プランタンはコーヒーを売る店ではなかったのかという問題であるが、こちらは思いのほかに簡単に原因を指摘できる。当時の日本にはコーヒーといえるようなコーヒーが存在していなかったのである。より正確にいえば、コーヒーの大量輸入ルートがなかったのである。

カフェが「美人女給つき洋酒酒場」になった時代

カフェと名乗りながら供すべきコーヒーがないというカフェー・プランタンの問題に一挙に解決を与えたのは、明治四十四年十一月に銀座の南鍋町（現在の交詢社の真向かい）に誕生した日本初の本格的なコーヒー・ショップ、カフェーパウリスタである。なぜならカフェーパウリスタが販売する年間千五百俵のコーヒー豆は、ブラジル政府からの無償給与だったからである。ブラジルからの輸入コーヒーが無償給与というかたちになったのはカフェーパウリスタの創業者水野龍(りょう)の経歴に関係している。

奥山儀八郎の論稿「カフェー・パウリスタ」によると、土佐出身で皇国植民合資会社の社長だった水野龍がコーヒー事業に関心をもったのは、サンパウロの弁理公使の報告書を読み、ブラジルのコーヒー栽培が日本人に適した事業であると判断したときのことだという。さっそく、自らブラジルにわたって調査に乗り出し、事業が有望と知るや明治四十一年から続々と移民を送り出した。そのかいあ

って、ブラジルのコーヒー園は日本人移民の手で立派に開拓され、ブラジルの外貨の稼ぎ手となった。ブラジル政府はその功績に報いるため東洋におけるブラジルコーヒーの宣伝販売権を水野に与えて、コーヒーを普及させるように委嘱した。水野はこれに応えて、パウリスタ一号店の銀座店を始めとして全国に十九店舗を一挙に開店するとともに、大正二年には株式会社カフェーパウリスタを設立して、それから五年間に七千五百俵を輸入するに至ったのである。水野はカフェーパウリスタの銀座店開店のさい、挨拶に立ち「今日皆様に供する珈琲は日本移民の苦労がもたらした収穫物で、この一杯には、その汗の結晶が浸け込んでいる。純国産品ともいえる珈琲を普及するため、新たな認識をもっていただきたい」と演説した。カフェーパウリスタは水野にとって、移民とブラジル政府に対する報恩事業といえた。ドーナツつきで一杯五銭という破格の値段も、水野の使命感の産物だったのである。

このカフェーパウリスタの全国展開のおかげで、カフェという名前がコーヒーを飲ませる店と同義になったとなったが、しかし、だからといって、日本におけるコーヒー愛好は一気に大衆的なものとなったわけではない。なぜなら、日本におけるカフェの語義は、カフェーパウリスタよりも、カフェー・プランタンの方向に傾いていったからである。ひとことでいえば、カフェとは戦後しばらくまでは洋酒酒場プラスαのことを意味していたのである。

では、「カフェ＝洋酒酒場プラスα」になった原因はどこにあったのか？ それは意外なことにカフェー・プランタンでだれが給仕していたかという問題に存在していた。安藤更生はこれについてこう書いている。

「第一、世間ではカフェというものがてんでどういうものだか見当がつかず、給仕人が入用なので時

事新報に女ボーイ募集の広告をしたら、おっ母さんや、兄さんに連れられて希望者が四、五人来たが、茶や料理を出すのだと聞いてビックリして帰ってしまった。片仮名の店名なので貿易商か何かのオフィスだと思ったのだろう」

つまり、カフェー・プランタンで給仕していた人の中には、男のボーイもいたことは確かだったが、客寄せとして、それなりに美人の「女ボーイ」も交じっていたのである。フランスのカフェにはないこの形態がのちに、日本のカフェの性格を規定することになる。それは、カフェー・プランタンに刺激されて同じ年の八月、銀座尾張町の角に三階建てのカフェー・ライオンが精養軒の資本で誕生するときに、より鮮明なかたちを取って現れる。

「震災前、銀座には大規模なカフェはライオン一軒だった。他のカフェはいずれもカフェリッテレエル〔注　文学カフェのこと〕の傾向を帯びていて、プランタンといい、カフェロシアといい、いずれも普通の人にはちょっとはいりにくいような傾向があった。それが、この店だけは場所も銀座通りの真中だし、美人三十名、いずれも揃いの衣裳でサービスというのだから、誰でもちょっとはいって見る気になった。カフェを一般化するにはこの店が一番エフェクトがあったわけだ」

強国の仲間入り
大正1年(明治45)～7年

カフェー・ライオンの女給たち
毎日新聞社図書編集部編『日本の百年・写真でみる風俗文化史』毎日新聞社　昭和34（1959）年

（安藤更生）

ようするに、日本のカフェは、カフェー・プランタンの文学・芸術志向、カフェーパウリスタのコーヒー志向のいずれにも行かないで、このライオンの「美人女給つき洋酒酒場」という方向に進んだのである。そして、カフェの語義もそのようなものになった。この傾向は震災後に、カフェー・ライオンの強力なライバルとしてカフェー・タイガーがセメント王浅野総一郎の資本で開店してからはさらに一段と拍車がかかった。

「ライオンで顔もよし客もあるが、少し品行が悪いというような女はすぐ馘になった。そうすると、タイガアではすぐに待っていましたとばかりに引き取るという風だった。こうしてライオンで目立つような女は、みんなタイガアへ行ってしまった。（……）その女たちについていたような客はみんなタイガアへ移転してしまった。何しろサービス振りが全然違うのである。ライオンではつつましやかに客に応対していたような女が、向うへ行くと化粧は濃くなるし、着物は派手になる。何かちょっと話すにも身体をすりつけて物を言うという風だったから、エロ好みの客はみんな吸取られてしまったのだ」（安藤更生）

ここにおいて、日本における戦前的カフェ、ときによってはカフエあるいはカフエーと表記される飲食施設の語義が完成する。すなわち、カフエとは、「女給たちがエロチックなサービスを含めて男たちに洋酒を供する酒場」という意味になったのである。フランスのカフェとはなんたるちがいであろうか？

「カフエーと私たちはおぼえて、そう発音していたが、私がかすかにアソビを覚えた一五、六歳のこ

ろには（昭和十二年）カフエーというのは、どういうわけかコーヒーをのませるところではなくなっていたのである。つまりカフェーとカフエーとは全然ちがい、カフエーというのは、まァ、今日のバーであると思えばまちがいはない。つまりコーヒーではなく本来洋酒をのむところになっていたのである。勿論女性がいて（中略）誠に人情のあついおネエさんばかりそろっていたものである」（梅田晴夫「珈琲」）

エロの力と闘い続けたカフェ、喫茶店

しかし、ではフランスに、戦前的な意味での日本のカフェつまりカフエに相当するような施設がなかったかといえば、これがあったのだ。ただし、それはカフェとは呼ばれず、ブラスリ（ビヤホール）という名前で通っていた。

フランスにブラスリが生まれたのは、一八六七年の万博でドイツとアルザスのビヤホールが紹介されてからのことだが、急激に増えたのは一八七〇年の普仏戦争で、故郷がドイツ領になることを嫌ったアルザス人が大量にパリにやってきた一八七〇年代後半以降のこと。彼らは北駅や東駅の周辺でブラスリを開いたが、このブラスリが発展する過程で、女性給仕に揃いのエプロンを着せてお色気サービスを売り物にした店が現れたのである。その流行の時期はベル・エポックにかかっていたから、あるいは、この新型のブラスリを研究してきた日本のカフェ業者がさっそくそれを取り入れたのかもしれない。カフェー・ライオンやカフェー・タイガーの女給たちが制服としてエプロンを着ていたという事実はこの仮説の真実性を部分的に証明している。

それはさておき、日本におけるカフェという意味が、「女給たちのエロチックなサービスを売り物にする洋酒酒場」という方向に流れた影響は大きかった。なぜなら、そのために、カフェに特別のコノテーションが加わり、「コーヒーを主体とする健全な飲食店」という意味は駆逐されたからである。その結果、後者の意味は新たな命名を必要とするようになり、本来ならコーヒーではなくお茶を供するはずの「喫茶店」が用いられるようになったのである。

しかし、コーヒーを飲ませる施設である「喫茶店」もその名前に安住していることはできなかった。なぜなら、大阪からエロを売り物にした大阪カフェが登場したのをきっかけに、喫茶店でもエロを打ち出した「特殊喫茶」というものが誕生したからである。つまり、清純を売りものにしていた喫茶にもピンクの色彩がかかってしまったのだ。

そこでしかたなく、清純派喫茶は、「特殊喫茶」とみずからを区別するために喫茶の前に一文字余計に冠をかぶせて「純喫茶」となった。私は昔、この「純喫茶」の「純」がジャズ喫茶でも名曲喫茶でも歌声喫茶でもない、単純の「純」だと思っていたが、じつはエロの「特殊喫茶」と峻別するための「純潔」「清純」の「純」だったのである。

しかし、エロの力は、そんなことでへこたれるほど脆弱なものではない。果敢に純喫茶の牙城を脅かそうとする。まず、ウエートレスが全員美人揃いであることを謳った「美人喫茶」、またアルバイト・サロン（通称アルサロ）からの応用で未亡人を揃えたと称する「未亡人喫茶」なるバリエーションが生まれた。宇能鴻一郎氏が純喫茶に対して抱いていたエロチックなイメージもこうしたものの影響があったのかもしれない。いずれにしろ、純喫茶にもエロの圧力は強まっていった。この傾向を決定

的なものにしたのはなんといっても、一九七〇年代の後半に大阪に生まれ、あっというまに全国を席巻した「ノーパン喫茶」だろう。コーヒーを出す店としての喫茶店は、このノーパン喫茶によって、完全にその名称生命を断たれたといってもいい。喫茶店と名乗るだけで、すでになにかしら卑猥なニュアンスがついて回るようにさえなったのだ。

かくして、残された道は原点復帰しかない。一九八〇年代に始まる「カフェ」のリバイバルである。フランスやイタリアのカフェと同じくエスプレッソを売り物にするドトール・コーヒーの全国展開で、ようやく、日本でも、カフェはカフエではなくなり、カフェーパウリスタのカフェに戻ったのである。

まずは、めでたし、めでたしの巻である。カフェがカフエとなり、そこから喫茶店、純喫茶となって、再びカフェに戻るのに要した時間は七十年。たった一字のそれも小文字と大文字のちがいであるが、それにしては、またずいぶんと時間がかかったものである。

（『東京人』二〇〇〇年五月号、都市出版）

ラーメン

ムッシュカシマ、「ラーメン・ヌーヴォー」に挑む

「ラーメンが進化している」というのは本当なのか

一九五、六〇年代、才能の集まる分野は文学と決まっていた。八〇年代のバブル期には経済、次いで九〇年代のバブル崩壊期にはゲームやネットに才能は一極集中した。では、二十一世紀の最初の十年(ディケイド)の才能はどのような分野に集まっているのか？

驚くなかれ、ラーメンだという！

かつて、文学において、石原慎太郎、開高健、大江健三郎などの才能が一時に輩出したように、二〇〇〇年代においては、ラーメンの天才、秀才、奇才、鬼才がキラ星のごとく登場し、激しいツバ競り合いを演じている。それればかりか、それぞれの才能が熱烈なファンを獲得し、カリスマ・ラーメン

店主なるものが続々と誕生しているという。

本当か？　『東京人』編集部からこの話を聞かされた私は一瞬、耳を疑った。未曽有のラーメン・ブームなど、例によってマスコミが悪ふざけで演出しているガセネタなのではないか？

この反論に対して、編集部は、そんなに疑うなら、自分の目で確かめてきてご覧なさいとばかり、いきなり最近のラーメンに関する資料の山を送り届けてきた。

それによると、ラーメンが大きく様変わりして新しい段階に入ったのは、インターネット元年ともいえる一九九六年のこと。ラーメン・フリークスが自分のホーム・ページを立ち上げて「ここのラーメンはラーメンの概念を変えた」などと喧伝すると、同じようなラーメン好きが「掲示板」に意見を書き込む。こうして、ネット上でラーメン情報が交換されていくうちに、店の評判がどんどん高まって、あっと言う間に人気店になった。その結果、どんな辺鄙なところにあるラーメン屋でも、うまくさえあれば行列ができる店になるという状況が生まれたのである。九五年にラーメン・サイト「東京のラーメン屋さん」を立ち上げて以来、ラーメンの一大権威となった大崎裕史氏はいう。

「一〇年前と比べて、ラーメンを取り巻く環境は劇的に変わった。インターネットの普及により、情報のスピードは昔に比べて格段に速くなった。（中略）ラーメン・サイトの中には、オープンした店の感想などが開店当日にアップされ、翌日以降の売上に影響を与える場合もあるほどである」（『無敵のラーメン論』講談社現代新書）

げんに、九六年にオープンしたラーメン店のうち「麺屋武蔵」（新宿）、「青葉」（中野）、「くじら軒」（横浜・センター北）などはネットのラーメン・ブームに乗って瞬く間に人気店となった。すると、そ

れに刺激された別の才能がちがう味に挑戦する。こうして、ラーメンの進化のサイクルがどんどん短くなって、ラーメンは、従来のラーメンとはまったく異なるラーメン・ヌーヴォーへと変異してしまったのである。

ラーメン・ヌーヴォー制覇作戦、開始

では、その進化・変異したラーメン・ヌーヴォーの代表的な味はどんなものなのか？　この問いに対して、編集部が用意してきたラーメン店のリストは以下の通り。

「大勝軒」（東池袋）
「ラーメン二郎」（三田店、目黒店ほか）
「麺屋武蔵」（新宿）
「九十九とんこつラーメン」（恵比寿）
「青葉」（中野、飯田橋ほか）
「斑鳩」（九段）
「らーめん天神下　大喜」（湯島）
「麺匠覇隆」（横浜・反町）

「大勝軒」と「ラーメン二郎」は以前からある店だが、普通のラーメンとは概念の異なるラーメン・

ヌーヴォーの基礎を築いたプレ・ラーメン・ヌーヴォーを創りあげた店だという。これに横浜の吉村家（家系の総本山）を加えるとラーメン・ヌーヴォーの味の源流がたどれるそうだが、吉村家は地元なので先刻承知だろうから、とりあえずは二軒を押さえろとの指令である。

いっぽう「麺屋武蔵」以下の六店は、ラーメン・ヌーヴォーの代表的な店で、進化・変異した味を知りたければ、この六店を制覇しなければならないといわれる。

かくして、リストの記された指令書を持った旧世代のラーメン・ファンは、二〇〇二年九月二十九日の日曜日、車に乗って首都高速を北上し、リスト通りに各個撃破を開始したのであった。

まずは東池袋の「大勝軒」からスタートと決める。昼食時は猛烈に混みそうなので、少し時間を外して二時に着くように横浜の家を出る。車のカーナビに「大勝軒」と入れると、東池袋のサンシャイン60の真ん前の住宅街に案内してくれた。ところが、この時間ならという予想は甘く、店の前からなんと延々数十メートルの列。近くの辻公園にまで達した列の最後尾に付こうとしたが、直前に「本日は完売につき、ここまで」と無情に打ち切りが宣告されてしまった。つけ麺の発明者であるカリスマ店主の「もりそば」を食べてみたかったが残念。

というわけで、次は「ラーメン二郎」の目黒店を目指す。「ラーメン二郎」は電話番号がマル秘になっているので住所でカーナビに打ち込む。しかし、最も空いていそうな三時に着いたにもかかわらず、山手通り沿いに数十メートルの列。数えたところ、店外だけで三十二人が待っている。「ラーメン二郎」のラーメンは「『二郎』という食べ物であり、『ラーメン』ではない」（佐々木晶『ラーメンを味わいつくす』光文社新書）と言われ、そのヴォリュームは驚くべきものがあるが、これだけ腹がすいて

いる状態なら、なんとかいけるだろうと思って行列の最後に並ぶ。ところが二十分経過しても一向に行列が動かない。この調子では何時間待つかわからない。かくしてここもまたリタイアー。こんな根性なしではラーメン・フリークスから「なにがラーメン・マラソンだ」とせせら笑われそうだが、腰痛持ちなので待つのは嫌いなのだ。

というわけで、リストの三番目にあげられている「麵屋武蔵」に向かおうとするが、そのとき、「大勝軒」「ラーメン二郎」でこの調子なのだから、行列ナンバーワンの「麵屋武蔵」は二時間待ち以上を覚悟しなければならないだろうと思い返し、急遽、カーナビの目的地をリスト四番目の「九十九とんこつラーメン」(恵比寿)に変更する。

どうもいかん、十二時半に家を出てからすでに三時間を経過しているが、まだ一杯のラーメンも口にしていない。やはり、ラーメン・マニアを自称するには、待つことを厭ってはいけないのだろうか。「九十九とんこつラーメン」は明治通りと駒沢通りの交差点から青山方面に坂を上った途中にあった。ここでもまた二十人近い列ができている。しかし、座席数が二十七とラーメン専門店にしては多いので、行列の減り方は思いのほか速く、待つこと十五分で座席に着くことができた。やれやれ、これでやっとラーメンにありつける。人気店のラーメン・マラソンは一日がかりでも不可能だということがこれにて判明した。

で、肝心のラーメンのほうはどうなのか? 豚骨に鶏ガラを配したコクありのあっさりスープが人気ということで、私は定番の「九十九とんこつラーメン」を頼む。女房は味噌スープにチーズを加えた「元祖㊎チーズラーメン」。「九十九とんこつラーメン」はなかなかうまかった。どちらかといえば、

豚骨系はそれほど好きではないのだが、ここの「九十九とんこつラーメン」はおいしく食べられた。問題は「㊪チーズラーメン」のほうである。女房いわく、これは「ラーメンではなくて、『究極ラーメン』という名のパスタね」。私も食べてみたが、むしろキアンティかバルバレスコといったイタリアワインあたりが似合う「ラーメン・ヌオーヴォ」である。そのせいかこの日はラーメン・マラソンを続ける気力がうせて、うまいギネスを飲ませる恵比寿のアイルランド・パブ「イニッシュ・モア」で締めくくりとする。

翌日の月曜日は終日家にこもって執筆だったため、東京には出ず、夕方、家族四人で反町の「麺匠覇隆」へと向かう。ここは新横浜ラーメン博物館の元スタッフが全国のラーメンを食べ歩き、「自分の好きな醤油ラーメンを作る」という一念で開いた店とのこと。麺はあの「支那そばや」の佐野実の手打ち麺を使用。

着いたのが七時半だったせいか、人気店の割には拍子抜けするほど空いていた。客はアベックが二組の四人だけ。案外、この平日の夜という時間が人気ラーメン店のデッド・タイムなのかもしれない。私は「特上チャーシューメン」、女房は「醤油らうめん」を頼む。ここは、いわゆる「無化調」(化学調味料使用せず)の代表的な店で、ベースは私好みの鶏ガラ(名古屋コーチンなどの地鶏を丸ごと使う)。私は大変おいしく食べたが、女房は、ネギを焦がした甘さがいささか気にかかるとのこと。

横殴りの暴風雨の中にも、開店を待つ人が……

十月一日の火曜日は、十二時半から授業の上、夜にも会食の予定が入っていたので、この日はラー

メン抜きかと思っていたが、午後になって台風二十一号が急接近というニュースで会食が取りやめとなる。そこで、五時に授業を終えたあと大学近くの「斑鳩」に出掛けてみる。六時開店ということで、近くの喫茶店で時間をつぶす。外はいよいよ本格的な暴風雨になってきた。六時ピッタリに店の前に戻ると、なんとこの横殴りの風雨の中にも開店を待つ先客が二人いる。私の後にもすぐにもう一人並ぶ。店があくと、次々に客が入ってきて満席となった。さすが『東京ウォーカー』の人気投票で「醬油ラーメン」部門一位になっただけのことはある。アパレル会社の専務が店主というだけあって小ぎれいな店舗で、味もそれに見合って洗練されている。

「煮玉子らー麺」を頼む。豚骨プラス魚ダシというラーメン・ヌーヴォーの典型だが、魚だしに本ガツオ節とサバ節、利尻昆布という本格派を使用しているせいか、魚臭さがほとんど感じられず、たいへんにおいしい。豚骨ベースのラーメン・ヌーヴォーの中ではかなり上位に入る味。麺は細目で女性ファンが多いのもむべなるかなだ。

翌日の十月二日の水曜日。この日は授業はないが雑用で学校に駆り出されたので、仕事の合間に「青葉」(飯田橋)までタクシーを走らせる。中野の本店に劣らず人気があるとのこと。三時に店に着く。幸いなことに行列は五人だけ。後で気づいたがこれはたいへんな幸運だったようだ。店を出るときには二十人近くが並んでいたからだ。

「特製中華そば」を注文する。味は豚骨ベースに煮干しを主体にした和風スープを別々の寸胴から加えて作るWスープ(大崎裕史、前掲書)。ラーメン・ヌーヴォーの代表店だ。同じ傾向の「斑鳩」よりも魚ダシが効いている分だけ個性が強い。並んでいたほとんどが男性だったことでも明らかなように、

「斑鳩」が女性向きなら、こちらは男性向きの味か。

一日おいて、十月四日の金曜日。この日は三コマの授業の後、七時から神保町の東京堂で新刊の『成功する読書日記』にサインをする手筈なので、合間を縫って夕方、湯島の「らーめん天神下　大喜」に駆け込む（二〇一七年に台東区へ移転）。待っている時間がないので、取材と称して五時半の開店直前に「らーめん」を食べさせてもらう。伝統に忠実な鶏ガラ・スープに魚ダシを加えた東京ラーメンだが、うまい。というよりも、正確には私の好みにピッタリなのだ。ラーメン・ヌーヴォーというよりも保守本道を行くラーメン・トラディショネル（正統派ラーメン）で、しかも旧来のラーメンを超えている。ラーメンはこうでなくちゃと思わせる味である。麺が細く硬目なのも東京ラーメンの伝統に棹さしている。

というわけで、なんとかラーメン・マラソンを終えて出した結論は「ラーメンは、新しくても懐かしい味がベスト」という平凡なもの。私は明らかに、ラーメンの守旧派である。

（『東京人』二〇〇二年一二月号、都市出版）

国立国会図書館

国立国会図書館の書庫の深部まで至福のクルージング

はじめての書庫「探索」に胸が高鳴る

国立国会図書館の書庫を見にいきませんかと声をかけられ、二つ返事でＯＫした。前々から見学したいと思っていた場所なので、これぞ、渡りに船のオファーであった。

今でこそ、フランス古書の収集家として多少は知られている私だが、貧乏学生だった頃は、それこそ図書館のネズミで、古書を買うよりも、図書館に日参するほうを好んでいた。

高校時代は、横浜野毛の市立図書館と紅葉坂の県立図書館、大学に進んでからは本郷の東大中央図書館と、ほとんど一日中、図書館の中にこもりっきりでも少しも苦痛を感じることはなく、好んで書架の間を彷徨していたものである。特に、大学院の時代には、院生証を提示すれば東大中央図書館の

閉架式書庫の内部にも入れたので、朝から晩まで飽かずに「探検」を試みていたものだ。東大中央図書館は関東大震災で全焼しているので稀覯本は少ないということになってはいたが、震災後に各国（とくにベルギー）から寄贈された図書が珍しく、「ほう、こんな本が！」と感心しながら図書館クルージングを楽しんでいた記憶がある。

だから、国会議事堂を左手に眺める国会図書館の南口で、案内を買って出てくださった職員の浜田さんと待ち合わせをしたときには、期待で胸が高鳴った。国会図書館を利用したのは数知れずだが、閉架式ゆえ、当然、一度も書庫には入ったことがないからだ。

さて、どんな発見があるのやら。

まず、記者クラブ室にて、広報係の樋山氏と浜田さんからパンフレットを渡され、これから訪れる場所に関するレクチャーを受ける。

国立国会図書館の蔵書は二〇〇七年三月末現在で約三三六四万冊（以下、冊数は二〇〇六年当時のもの）。書架の全長は五六〇キロに及ぶ。一年間で図書は約二〇万冊、雑誌・新聞は六五万点増加していくということなので、他人事ながら書庫スペースの確保が心配になり、収蔵能力を尋ねてみる。現在のところ、収蔵能力は、本一冊当たりの厚さを約三センチとして概算して、東京本館書庫（一九六八年完成）が四五〇万冊、同じく新館書庫（一九八六年完成）が七五〇万冊、関西館（二〇〇二年完成）が六〇〇万冊、国際子ども図書館（二〇〇〇年完成）が四〇万冊ということだから、合計一八四〇万冊ということになる。はて、面妖な？　収蔵能力が一八四〇万冊なのに、蔵書が三三六四万冊では既に収蔵能力の倍も蔵書していることになるではないか？

じつは、この計算、蔵書冊数の中にはマイクロ資料八六〇万点などが含まれ、書籍と雑誌・新聞に限れば、前者が八八〇万冊、後者が一一八四万点ということなので、辛うじて、余裕があるという状況なのである。しかし、平成不況以来、本や雑誌は売れずとも出版点数だけは確実に増えているので、剰余スペースは加速度的に減少しつつあるのだ。では、どうやって限られた床面積の中で、絶対的に足りない収納スペースを確保しているのだろうか？

ここは日々、本の収納に悩まされている身としては切実に知りたい問題であるが、その答えはというと、本館についていえば、コンクリートの床で構成された一階分の高さを鋼鉄の支柱で三層ないしは二層に分け、合計十七層の積層書庫にしているのである。なるほど、これで、案内された地下書庫が異常なほどに天井が低いことが理解できた。私は身長が一七八センチだが、書庫に立って背を伸ばすと髪の毛が天井をスクレイプする。ということは、天井高は約一八〇センチしかないということだ。樋山氏がレクチャーのさい、女性職員でないと、書庫での本探しは苦しいと言われた理由がこれでわかった。しかし、それにしても、天井高が一八〇センチだとは！

蔵書にとって大敵の火事対策

いっぽう、新館はというと、こちらはさすがに一階三層ということはなく、天井はもう少し高い。ただし、地震の揺れが少ないように、書庫はすべて地下に設けられているため、浸水と採光が問題となる。そこで、「地下の外壁と地上一階の床に防水を施し」、「書庫内で働く人に安心感を与えるために自然光が地下八階まで届く『光庭』を設けて」いるという（ともにパンフレット『国立国会図書館の書

庫』に拠る）。また、新館では増え続ける本に対処するため、集密書架（いわゆる移動式書架）を設けているが、これは固定書架と比べて探索と取り出しに時間がかかるので、利用頻度の低い本を収容しているとのこと。

書庫内の消火設備のことも気になった。なぜなら、我がマンションにはスプリンクラーが設置されているので、もし火事にでもなったら、火も恐ろしいが、もっと恐ろしい水で蔵書が全滅する恐れがあるからだ。そこで、疑問をぶつけてみると、当然ながら、スプリンクラーではなく不活性（ハロゲン）ガスによる消火設備を設置しているとのこと。ちなみに関西館では窒素ガスの放出で酸素の濃度を下げるようになっている。わが家もこのシステムを取り入れたいものである。

そのほか、温湿度、照明、塵埃（じんあい）、虫害など、蔵書に悩まされている人間には参考になる話ばかりであった。

さて、いよいよ、一番興味ある収蔵書籍の見学とあいなったが、時間が三時間と限られている上に、三三六四万冊だから、ピンポイントで見ていくしかない。そこで、まずは、新館地下五階の外国の新聞の書庫に向かう。フランスの官報『モニトゥール・ユニヴェルセル』の揃い（一八六七年十二月まで）があると聞いたからだ。

次々に出現する貴重本・発禁本の数々

ふーむ、これはすごい。一七八九年七月十四日の革命勃発直後からアサンブレ・ナショナル（国民議会）で交わされた議論が収録されているのはもちろんのこと、記者が拾った街の噂や伝聞までが収

められている。文体も官報というよりも『週刊文春』や『週刊新潮』に近く、読んでいると、革命の熱狂が直に伝わってくるようだ。『モニトゥール・ユニヴェルセル』がここまで揃っているなら、なにもパリのビブリオテック・ナショナルまで足を運ぶことはない。これはおおいなる収穫であった。

次は、本館書庫の一般フランス書の蔵書を拝見する予定であったが、途中、明治・大正・昭和の発禁本二〇〇〇冊を集めたコーナーがあるという話を聞いたので、つい好奇心に駆られて寄り道をすることとなった。戦前、検閲のために旧内務省に法定納本され、発禁処分になった膨大な書籍は、内務省の書庫が昭和二十年の空襲で炎上したため、ほとんど残っていないとされていたが、一部、奇跡的に消失を免れたものが、戦後、この発禁本コーナーに集められたのだそうである。

興味津々で、ズラリ並んだ背表紙を眺めると、社会主義・マルクス主義関係、エロ関係、異端とされた宗教関係という三ジャンルに大別されるようだが、中でこちらの関心を引くのは、当然ながらのエロ関係。どんなものがあるかと調べると、酒井潔『巴里上海歓楽郷案内　談奇群書　第一編』（竹酔書房　一九三〇年）、道家斉一郎『欧米女見物』（白鳳社　一九三〇年）、島洋之助『童貞の機関車』（一九三〇年）と、いずれもエロ・グロ・ナンセンス大流行の一九三〇（昭和五）年の刊行で、パリを始めとする欧米都市や上海の売春宿の探訪記である。私は、いま「閉じられた家」と題したパリのメゾン・クローズの歴史を書いているので（『パリ、娼婦の館　メゾン・クローズ』角川ソフィア文庫）、これらはおおいに興味をそそられる本たちである。しかし、あまり発禁本コーナーに長居しすぎては約束の見学時間が終わってしまう。そこで泣く泣く、次の洋書本の層に移動する。

帝国図書館にあった珍品の数々

昭和二十三年に施行された「国立国会図書館法」に基づき法定納本の本を収納するのが原則の国立国会図書館に、洋書がかなり収蔵されているのは、不思議といえば不思議だが、これは、洋書の多くが次の四つのソースから集まっていることを知ると納得がいく。①戦前、上野にあった帝国図書館から引き継いだもの。②外国機関との国際交換で集まったもの。③個人からの寄贈。④先の『モニトゥール・ユニヴェルセル』のように予算で購入したもの。

こうしたソースゆえに、大学の文学・歴史研究が中心の収集とはかなり毛色の違ったものがあるのがおもしろい。とくに、戦前、上野にあった帝国図書館の洋書には、当時、大学や高校で使われていたリーダーだとか参考書など、「ほう、こんなものが」と思うような意外な珍品がまじっているので、今後、書誌学の専門家による調査が待たれるところである。

ただ、帝国図書館では、十進分類排架法ではなく、「資料の大きさを揃え、図書館に受け入れた順に詰めて並べるという固定排架を行って」いたため、調査には相当の時間がかかりそうだ。

奇特な個人コレクターの存在も浮上する

しかし、今回のクルージングで一番の収穫は、個人からの寄贈のコーナーに大変な逸品が隠されているのを知ったことだろう。とりわけ、経済学者の高橋精之（せいし）氏が遺贈されたコレクションは非常にレベルが高く、日本にもこんな稀覯本がと驚くようなものが揃っている。たとえば、十八世紀に刊行された名著の初版本、バークリ『人間知識の原理』（一七一〇年）、スウィフト『ガリバー旅行記』（一七

二六年）、モンテスキュー『法の精神』（一七四八年）などがある。

私の専門の一九世紀フランス文学はと見ると、フロベール『ボヴァリー夫人』（一八五七年初版初刷）、ゾラ『ナナ』（一八八〇年初版初刷）と、これまた「高橋精之氏旧蔵本」という印が押してある。

これはすごいコレクターだと思って、高橋精之氏というのは、戦前の大金持ちなのかと尋ねたら、一九三三年生まれで、一九九一年に五八歳で亡くなられた戦後派の収集家であった。コレクションの多くに松村書店（二〇〇七年に閉店）のラベルが貼ってあるところを見ると、直接外国で買ったのではなく、松村書店を介しての購入のようだ。まだ、円が安かった時代だから、その財力は相当のものだったにちがいない。国立国会図書館では遺族から寄贈された一一二九冊を収蔵しているとのこと。

このように、たった三時間足らず館内を巡回しただけだが、移動するたびに足止めを食い、この調子では、一生かかっても、全館を見てまわることはできないのではないかと予感した。

国立国会図書館には、古い本でもまだまだ未整理のものが多く、探索次第では思いもかけない珍書、奇書も出現する可能性がある。しかし、そうした奇跡を可能にするためにも、必要なのは潤沢な予算である。

国家は、もっともっと予算を国立国会図書館のために割いていい。一国を代表する図書館の蔵書はその国の文化のバロメーターなのだから。

（文藝春秋企画出版部編『嗜み』Vol. 1 No. 1、二〇〇八年）

東京都江戸東京博物館

世界の最先端都市に「粋」の源流を見る！

統制がとれた計画都市・江戸

今日、東京はパリやロンドンと比べてアナーキーな都市だと思われている。都市計画などないに等しく、すべて民間の自主開発に任されている上に、美観や景観の観点からの規制も少ないので、一つひとつの建物は個性的でも全体的に見るとなんともエテロクリット（雑多）な様相を呈する無秩序都市になってしまっている、云々。

私自身もしばしばこうした発言をする。しかし、考えてみるとこれはあまりに短い歴史スパンでしかものを見ていない議論なのだ。

なぜなら、首都としての江戸が誕生したのは一六〇〇年の関ヶ原で徳川家康率いる東軍が勝利し、

家康が征夷大将軍に就任して江戸に幕府を開いてからで、その都市構造はブラジリアのようにゼロから人工的に造られたのである。

対するに、パリやロンドンの始源は遠くローマ帝国の時代にまで遡り、都市としての発達も至って自然発生的であった。

だから、もし、都市的に完成を見た享保年間（十八世紀前半）の時点で、パリやロンドンと比較したら、江戸は世界一の計画都市であり、最も統一がとれた都市景観を呈していたはずなのである。

その証拠に、幕末に日本を訪れた欧米人の多くは、江戸は、衛生、治安、住み心地などあらゆる点から見て完璧な都市だという感想を残している。

では、それがいかにして今日の東京のようなエテロクリットな都市へと変容していったのか？　あるいは、一見そう見える都市景観の下にはどのような計画都市が埋もれているのか？　また、江戸と東京はどのような点で継続し、どのような点で断絶しているのか？

両国の江戸東京博物館を見物してみませんかというお誘いを『嗜み』編集部から受けたときに、まず、私の頭に浮かんだのはこの問題だった。なぜなら、江戸東京博物館は、まさにこうした問題意識から建てられたはずだからである。

武家バロックを焼いた明暦の大火

というわけで、編集部のN君とカメラマンの安部氏とともに江戸東京博を訪れた私は、まず江戸ゾーンから見学を開始することにした。

案内してくださるのは、学芸員の松井かおるさん。

「入場されたお客さまは、この日本橋のレプリカを渡って館内に入られることになっています」

「これは実物大ですか？」

「高さと幅はそのままで、長さは北側半分を復元しています」

この日本橋の復元というのは素晴らしいアイディアである。鉄道が登場する以前の物流は、洋の東西を問わず、水運が中心だったが、中でも江戸は四方八方に張り巡らされた堀と運河で他の都市を圧しており、日本橋は単に五街道の出発点であるばかりか、水運の中心点でもあったからだ。橋の袂（たもと）には魚河岸があり、日々、江戸民衆の胃袋を満たすための活発な取引が行われていたのだ。パリにたとえれば、ポン・ヌフの袂にレ・アール（中央市場）があるようなもので、その賑わいは間違いなく世界一だっただろうと想像される。

「ところで、江戸という町は、明暦の大火の以前と以後ではまったく印象が違ったという話を聞きます。江戸城の天守閣も焼け落ちたまま再建されなかったですし……」

「明暦の大火では江戸の六割が焼失して、町の様相が一変してしまいました」

「大火以前の江戸というのはどんな町だったのですか？」

「わたしたちの想像とは違って、安土桃山風の絢爛豪華な町並みだったようです。それを教えてくれるのが、この出光美術館所蔵の『江戸名所図屏風』と国立歴史民俗博物館所蔵の『江戸図屏風』（展示品はいずれもレプリカ）。寛永時代の江戸の姿を見事に伝えています。これらを参考に再現した越前福井藩主・松平伊予守忠昌の大名屋敷をご覧になってください」

「本当だ。金銀や漆を使った派手な門構えですね。日光の東照宮のような、成り上がり武士のバロック美学だ。おそらく江戸中がこれだったら、印象はずいぶん違っていたでしょうね」

「大火以後、江戸は再建されましたが、そのとき、防災化対策の影響でずいぶん地味な町並みになってしまったようですね」

残念である。ところで、江戸は世界にもまれな単身者都市で、この性格が浮世絵を始めとする独特の江戸文化をつくりあげたともいわれるが、それは、参勤交代制度の実施によって、各藩の江戸詰単身赴任武士が町に溢れたからである。武家屋敷が江戸の七割を占め、総人口の六割が男だったというから、この江戸詰武士の影響は小さくはなかったはずだ。展示された江戸詰武士の日記から判断するかぎり、彼らの生活はかなり暇で、時間をつぶすために江戸中の名所を渡り歩き、名物を食べ歩いたようである。

町人文化の優勢が粋をつくる

では、町人の暮らしむきはどうだったのだろうか？　江戸は面積と人口こそ武家が多かったが、文化という点では紛れもなく町人文化が優勢だった。では、それはどのようなかたちで現れてきたのだろうか？

「江戸は武家町と町人町がきっぱりと分かれていたということですが、町人町の特徴というのはどんなところにあったのですか？」

「町人町は武家の衣食住をまかなうための商人や職人の住む区域として造られたものですが、明暦の

大火以後は、消費の拡大にともなって一般庶民の消費を支える町にもなりました。しかし、面積的には二十パーセントの区域に押し込められていたので、人口密度は高く、一般庶民の住む長屋は九尺二寸、つまり三坪で非常に狭く、それゆえに、いろいろと工夫を凝らさなければならなかったようです」

「棟割長屋のレプリカがありますが、四畳半に台所がついている程度ですね。たしかにこれでは、食事は外食に頼ることになりそうだ。すしやテンプラなど屋台の発達はそのためでしょうね。浮世風呂の隆盛もそうですね。おや、長屋でお産をしている。産婆さんが取り上げた赤ん坊を産湯につけている。そういえば、ぼくの時代くらいまでは庶民は自宅でこんなふうにお産していたんですね。しかし、これだけ密集していると、いったん火事になったら大変なことになる」

「そこなんです。町人町の特徴は、いかに火事を防ぐかというその工夫にあります。火事は記録に残っているものだけでも江戸時代を通して一千八百件。火事と喧嘩は江戸の華といわれたのもわかります」

「具体的にはどんな工夫です」

「展示されている龍吐水(りゅうどすい)と呼ばれていたポンプ式の放水具も使われましたが、ほとんどは町火消と呼ばれる鳶(とび)職人による破壊消防です。あとは火見櫓(ひのみやぐら)からの監視」

「なるほど、これが時代劇によく出てくる火消のまといですね。相当に重い。重いといえば、鼠小僧や石川五右衛門などが担ぐ千両箱も重そうでしたが、実際にはどうなんでしょうか?」

「ちょっと、順序は先になりますが、『江戸の商業』のゾーンを見てみましょう。本物の千両箱がありますから」

「これですか？　思っていたよりはるかに小さい」

「一両小判がきっちり千枚入ります。重さは二十キロくらい。芝居や映画では大きさが誇張されているのです」

「なるほど、これなら鼠小僧が肩に担いで逃げられる。歴代の小判のサンプルが展示されていますけれど、江戸で両替商が盛んになったのは、時代によって金や銀の含有率が変化したため、専門の鑑定能力を身につけた人間でないと両替できなかったからだといわれていますね。ほう、これは三井越後屋呉服店、三越の前身ですか。『現金掛け値なし』の正札商法は世界初のデパートといわれるボン・マルシェに先駆けること百五十年だな」

「商店の宣伝ビラの面では江戸は世界の先端を走っていました。引き札と呼ばれるものです。江戸は世界でもトップクラスの印刷出版都市でもあったんですね。少し戻って『出版と情報』のコーナーを見てみましょう。本屋の店先が再現されていますから」

「ちょっと見ると、パリの版画屋のようですね。広重も写楽もこんなふうに売られていたんだな。あっちに展示されているのは？」

「和本を入れておいた本棚ですね。和綴(と)じの本はこうして積み上げられて保存されていましたから。これは馬琴の『南総里見八犬伝』の全巻セットです。本は高かったので貸本屋が持て囃されたんです」

「なるほど、これだけ本が読まれていたということは、江戸の識字率はかなり高かった事実を物語っていますね。この点もまた同時代のパリやロンドンをはるかに上回っているはず。ところで、浮世絵といえば、写楽のような役者絵が人気だったのは、歌舞伎がそれだけ盛んだったことを意味しますね」

「あちらの大きな建物は、江戸歌舞伎発祥の地といわれる中村座の正面部分を再現しています。『芝居と遊里』のコーナーを見てください」

「これは見事だ。ここで実際に観客を入れて歌舞伎は見せないんですか？」

「消防法の関係で、芝居小屋ごと復元はできません。実現できたら素晴らしかったんですが」

「もったいない。ここまで再現したのに」

「それでは、残ったコーナーをご案内しましょう。『江戸を結ぶ村と島』です」

「おっ、これは江戸湾の浅草海苔の製造工程の再現。懐かしい！　子供の頃を思い出す」

「海苔をつくったことがあったんですか？」

「いや、うちは商人だったんですけど、漁師の友達の家で手伝わせてもらったんです。趣味としての海苔造り。懐かしいといえばこれはまた、なんと肥桶じゃないですか？　これ、担いでみていいんですか？」

「いまのお子さんは、担ぎ方を知らないので重量挙げみたいに両肩に天秤棒を載せてしまうんです。先生はさすがですね、様になっている」

「三島由紀夫は『仮面の告白』で、最初の衝動は汚穢屋になりたいと思ったことだと書いていますが、たしかに汚穢屋は独特のスタイルだった。ぼくの故郷は東京湾の半農半漁の村ですから、このコーナーはタイムマシンのようですね。漁師の伝馬船もあるし。昭和三十年代までは、周辺部では基本的に江戸時代と生活風景は変わっていなかったんだな」

博物館はバックヤードがおもしろい

かくして、江戸ゾーンを一周したわれわれは、最後に両国橋の西詰の模型や神田明神の山車(だし)を見学した後、江戸東京博のバックヤードを見学させてもらうことになった。博物館というのは、バックヤードがおもしろいということを体験上知っているからである。

さて、松井さんとバトンタッチしたのは、学芸員の熊谷紀子さん。主に、収集から収蔵にかかわる部門の責任者だ。

「寄贈されたものは、まずこの部屋に収納されて清掃を受けます。収蔵予定のものは時代が経っていますので、汚れているケースが多いのです。次に委員会で収蔵が決まるまでここで待機します」

「この段階ではまだ収蔵品ではないのですね」

「ええ。この扉を通って初めて収蔵品となります。次に収蔵が決まったものは、コンピュータで仮の所蔵コードを付けられて一時保管室に置かれた後、燻蒸室(くんじょうしつ)に送られます。これが燻蒸室です」

「燻蒸というと煙でいぶすのですか?」

「いまは化学薬品で行います」

「その目的は?」

「所蔵品を食い荒らす恐れのある虫を殺すためです。燻蒸が終わると、資料整理室で整理のためのコードを付せられ、さまざまな情報をカードに書き留めてからコンピュータに記録され、傷みのひどいものは、修復室で修理して最後は収蔵庫に保管されます」

「ふーむ、博物館となると、われわれ個人コレクターと違って、収蔵まで、いろいろな工程があるも

のなのですね。いや、参考になりました」

以上で、本日の見学は終了したわけだが、この日の感想を一言でいうとするなら、バブル景気で都にお金のあるうちにこれだけのものを造っておいて本当に良かったということ。もし、バブル崩壊後だったら、たとえ江戸・東京の文化財を正しく保存する必要が分かっていても、財政的に無理ということになったはずだ。

無秩序に見える都市・東京の下には、秩序だった完璧な都市・江戸が眠っている。そのことを痛感させてくれる素晴らしいミュージアムである。

（文藝春秋企画出版部編『嗜み』Vol. 2 No. 3、二〇〇九年）

私鉄沿線

文学に描かれた郊外電車——関東大震災から終戦直後まで

坂口安吾が描いた片田舎、下北沢

私はどうも細部が気になるたちらしく、中学生のときに小説を読み始めて以来、物語に登場する地名に対してはとりわけ敏感に反応してきたようである。だから、「ある町で」とか「とある街角で」と書く作家はあまり好きではなく、具体的な地名をあげてくれる小説家のほうに親しみを抱いたが、大学生になって、坂口安吾の『風と光と二十の私と』を読んだとき、友人の下宿が多く固まっていた下北沢が次のように描かれているのを見て本当にびっくりした。

「私が代用教員をしていたところは、世田ガ谷の下北沢というところで、そのころは荏原郡と言い、まったくの武蔵野で、私が教員をやめてから、小田急ができて、ひらけたので、そのころは竹藪だら

けであった。本校は世田ガ谷の町役場の隣にあるが、私のはその分校で、教室が三つしかない。学校の前にアワシマサマというお灸だかの有名な寺があり、学校の横に学用品やパンやアメダマを売る店が一軒あるほかは四方はただ広茫かぎりもない田園で、もとよりそのころはバスもない。今、井上友一郎の住んでるあたりがどうもその辺らしい気がするのだが、あんまり変わりすぎて、もう見当がつかない。そのころは学校の近所には農家すらなく、まったくただひろびろとした武蔵野で、一方に丘が連なり、丘は竹藪と麦畑で、原始林もあった。この原始林をマモリヤマ公園などと称していたが、公園どころか、ただの原始林で、私はここへよく子供をつれて行って遊ばせた」

これを読んだ一九六八年当時、下北沢は、学生と独身サラリーマンのための安アパートが立ち並ぶなんの変哲もないB級住宅街で、今日のようなモダンな盛り場に変身するとは想像だにできなかったが、それでも、震災前まで、安吾のこの描写のような光景が広がっていたとはにわかに信じがたい程度には発展していた。この文章が書かれた終戦直後でも、「あんまり変わりすぎて、もう見当がつかない」というのだから、武蔵野ののどかな田園風景は、小田急が出来てから、わずかの年月のあいだに急変してしまったようである。変わったのは小田急沿線ばかりではなかった。同じく安吾の『二十一』にはこんな箇所がある。

「そのころはよく引っ越しした。(……)とうとう、板橋の中丸という所へ行った。池袋で省線を降り、二十分ぐらい歩くと田園になり、長崎村という所を通りこし、いよいよ完全に人家がひとつもなくなって、見はるかす武蔵野、秩父の山、お寺の隣りであった。バスなどない時代だから、大股に歩いて三十五分、女の足は一時間たっぷりかかる」

「長崎村」はいまの豊島区の長崎町、私鉄の駅なら西武池袋線の東長崎駅で、中丸は東武東上線の大山駅ちかくの板橋区の中丸町である。現在の密集した住宅街からは想像もつかない文字通りの片田舎というほかはない。おそらく安吾のデビュー作『木枯の酒倉から』の冒頭のあの荒涼たる風景は、このあたりのものだろう。ちなみに『風と光と二十の私と』は大正十四（一九二五）年から翌年、『二十一』は昭和二（一九二七）年を舞台にした自伝的作品だから、昭和の始めごろまでは、渋谷や池袋などでも人家は駅周辺だけで、省線（いまのJR）の外側には、このような江戸時代とそう変わっていない武蔵野の原野が広がっていたということになる。市域の拡大は現在の山手線の内側でしばらく停滞していたようである。

こうした状況に決定的変化をもたらしたのは、いうまでもなく、大正十二（一九二三）年の関東大震災後に起こった、郊外とりわけ西部方面への私鉄建設ブームである。なかでも、小田急線（一九二七年）、東急東横線（一九二七年）、帝都電鉄線（現在の京王・一九三三年）、西武村山（新宿）線などの全線開通は、震災直前に新駅（高円寺、阿佐ケ谷、西荻窪）が設置された中央線の充実とあいまって、通勤圏の範囲を一挙に拡大し、武蔵野の原野を東京の住宅地に組み入れることになる。この震災後の西部への入口移動の口火を切ったのは、通勤時間を気にせずにすむ作家や芸術家だったようだ。のちに荻窪文士村の主になる井伏鱒二はこう語っている。

「その頃、文学青年たちの間では、電車で渋谷に便利なところとか、または新宿や池袋の郊外などに引っ越して行くことが流行になっていた。新宿郊外の中央線方面には三流作家が移り、世田谷方面には左翼作家が移り、大森方面には流行作家が移って行く」（『荻窪風土記』）

プロレタリア作家たちの玉電沿線

井伏鱒二たち「三流作家」の中央線沿線は、私鉄ではないのでこのさい除外するとして、「左翼作家」が移っていった世田谷方面に注目してみたい。というのも、この「世田谷方面」とは東横線でも小田急線でもなく、玉川電気鉄道（通称玉電、現在の東急世田谷線など）だったからである。すでに一九〇七年から道玄坂‐三軒茶屋間を開通させていた玉電は、当時西南部方面への唯一の足だったので、左翼作家たちは震災直後の大正十四（一九二五）年頃から私鉄新線の開通を待たずに速くも移動を開始していた。

「夜、隣の壺井夫婦、黒島夫婦遊びに見える。

壺井さん曰く。

『今日はとても面白かったよ。黒島君と二人で市場へ盥を買いに行ったら、金もはらわないのに、三円いくらのつり銭と盥をくれて一寸ドキッとしたぜ』

（……）

私も夫も、壺井さんの話は一寸うらやましかった。

――泥沼に浮いた船のように、何と淋しい私達の長屋だろう。兵営の屍室と墓地と病院と、安カフェーに囲まれたこの太子堂の暗い家もあきあきしてしまった」（林芙美子『放浪記』）

「壺井夫婦」というのは壺井繁治・壺井栄夫妻、「黒島夫婦」とは黒島伝治夫婦で、林芙美子と手塚緑敏（りょくびん）の夫婦を合わせると三組の「文芸戦線」系のプロレタリア作家（当時はまだアナキスト作家）夫婦

が同じ玉電の三軒茶屋駅（あるいは太子堂駅か三宿駅）近くの太子堂の長屋に住んでいたことになる。

なぜ、玉電沿線にプロレタリア作家が固まって住んでいたかといえば、それは夫婦で住める程度の広さが確保できてしかも家賃が安い長屋が残っていた場所が、震災被害の少なかったこのあたりにしかなかったためだろうと思われる。震災後の復旧は、今日の我々が想像するよりもはるかに早かったと言われるが、賃貸し住宅というものは新築されるといつの世でも「家賃が上がる」のが常だから、震災被害の激しかった東部地区には、プロレタリア作家夫婦のような低所得者でも住めるような広めの長屋が少なくなっていただろうことは容易に想像がつく。当時も、職住近接を要求される商人や職人を除く都市細民は、ちょうど今日、地上げに追われた中心部の低所得階層が埼玉や千葉へ逃れるのと同じように、まず人口の少ない西部へと移住したのである。中央線沿線と玉電沿線は、職住近接の必要ない安サラリーマンと文化人の恰好の避難場所を提供したことになる。

事実、プロレタリア作家たちが住んでいたこの太子堂の長屋の周辺にあるのは、「兵営の屍室と墓地と病院と、安カフェー」というのだから、「環境秀」とはいいかねるところだったのだろう。それに、一歩でも人家のあるところを離れれば、まわりは竹藪だらけだった。引用の続きにはこうある。

「『時に、明日はたけのこ飯にしないかね』

『たけのこ盗みに行くか……』

三人の男たちは路の向こうの竹藪を背戸に持っている、床屋の二階の飯田さんをさそって、裏のたけのこを盗みに出掛けて行った。女達は久しぶりに街の灯を見たかったけれども、あきらめて太子堂の縁日を歩いてみた。竹藪の小路に出した露店のカンテラの灯が噴水のように薫じていた」（林芙美子、

同書）

「文芸戦線」でこわもてのアナ・ボル（アナキストとボルシェビキ）理論を振りかざす男たちが明日のおかずをもとめて「たけのこ泥棒」に出掛け、一方、その妻たちは街の灯に憧れながら太子堂の縁日で我慢をするというところがなんとも泣かせるではないか。プロレタリア小説ではいくら夫婦が机を並べて頑張ったところで原稿料などはたかが知れていたから、こうして、家賃の安い玉電の沿線に流れてきたのである。それに、作家夫婦が何組か同じ場所に住めば、困ったときにはお互いに助けあうこともできる。

「私は壺井さんの家へ行くと、ゆっくりと足を投げ出してそこへ寝かしてもらった。

『お宅にすこしばかりお米はありませんか？』

人のいい壺井の細君も、自分達の生活にへこたれてしまっているのか、私のそばに横になると、一握りの米を茶碗に入れたのを持ってきて、生きる事が厭になってしまったわという話におちてしまっている。

『たい子さんとこは、信州から米が来たって言ってるから、あそこへ行って見ましょうか』

『そりゃあ、ええなあ……』

そばにいた伝治さんの細君は、両手を打って子供のように喜んでいる。ほんとうに率直な人だ」

（林芙美子、同書）

この引用の「たい子さん」とはもちろん平林たい子のことで、この当時アナキスト飯田徳太郎（たけのこ泥棒に加わった「床屋の二階の飯田さん」）と同棲してすぐ近くに住んでいた。平林たい子は玉電の

ことを『嘲る』という小説の中でかなり詳しく書いている。

「私は、睡眠不足のために、すっかり疲れ切って下を向きながら、坂を登って行った。懐に、矢田に貰った一円を持っていながら、そこから、玉川電車へのるのが惜しい気がするのであった。しかし、坂の上まで来ると遂に我慢しきれなくなって、停留所に立ち止まった。電車の中は、若い男達の汗の香でむっとしていた。（……）

車掌が切符を切りに来ると、私は懐から、矢田に貰った汚れた一円紙幣を出して渡した。――この金がどうして得た金だか――

私は、何だか妙な気持ちになって、彼の顔を覗いた。

『一円？　さあ剰銭があるかな』

車掌は紙幣を手に持って、鞄をあけた」

主人公の「私」は、生活費を工面するため、別の男に体を許して一円もらってきた帰りである。『放浪記』にも出ていたたけのこ泥棒の話はこの小説にも描かれている。

なお、玉電は、いってみれば私営の都電のような感じで、私が大学生の頃でもこの描写にあるのとはほとんど変わらぬ車掌付きののんびりとした私鉄だった。現在の東急世田谷線にはその面影が残っている。

この玉電は、昭和十一年に、「強盗慶太」の異名を取る五島慶太に買収され東横電鉄（東急）の傘下に入ったが、その五島が開通させた東横線は、なぜか、あまり文学作品には登場していない。日吉に慶應義塾の予科があったから、堀田善衛や安岡章太郎の作品にもう少しとりあげられてもよさそうに

思うのだが、これが意外に少ない。また、小説家で戦前にこの沿線に引っ越したものもあまりいないようだ。おそらく、東横線は、渋沢栄一の田園都市構想に基づく町造りを目指したので、新住民にはアッパー・ミドルが多く、小説家のような都市遊民にとっては引っ越しにくい場所だったのだろう。日本の小説は基本的にほとんどが私小説なので、小説家が実際に住んでいなければ、小説の舞台としては取り上げられないという構造になっているのである。いずれにしても、おしゃれなはずの東横線が戦前の小説から排除されているのは注目されてよい。

中野重治の小田急、太宰治の井の頭線

ところで、東横線と同じ一九二七年に全線開通した小田急線は、運行区域が初めから小田原にまで達していたためか、最初の年は大赤字で、開業数ヵ月にして首切りを断行さざるを得ないはめに追い込まれてしまったが、このエピソードは網野菊の『金の棺』に出ている。

「その頃、東京と湘南O市の間に新しく電車が開通される事になって、その新私設会社で多くの人員を募集した。一二ヵ月の車掌見習いの後新駅長に任命されるという其の口に立義も応募して採用され、車掌見習いを勤めた後で約束通りMという小駅の駅長となった。(……)やがて七月になって彼は最初のボーナスを貰ったので、老母は中元の買物をしに彼の勤め先の電車に乗って上京すべくホームに立っていると、彼があわただしく駆けつけて来て、買物どころではない、首を切られた、と告げた。会社ではボーナスを出すと直ぐに、百七十何名かの大量馘首を発表したのであった」

このようにスタートでつまずいた小田急も、やがて、人口の西部移動が始まると急速に「流行の電

車」になり、西條八十の歌謡曲『東京行進曲』で「シネマみましよか、お茶のみましよか、いつそ小田急でにげましよか」と謳われるようになったのは人も知る通りである。

中野重治は転向後、昭和十三年に小田急線の豪徳寺に転居して、ここから鬱屈した気持をかかえて千駄ヶ谷の役所に通うことになったが、名高い小田急の通勤地獄はこの時点ですでに始まっていたようである。

「改札口でパスを振ってみせながらさえ彼は空想をつづけていたが、電車が来て乗りこんだ時にはさすがに彼の空想もけし飛んでしまっていた。例によって例の如く、あまりにも人がこむのである。ラッシュアワーに花を忘れたという流行歌があったが、実際のラッシュアワーには、善六のような男どもは花を忘れるどころの騒ぎではない。蒸しあつさ、人臭さ、風呂敷にしみついた弁当の匂いなどの入りみだれて眼眩むばかりである」（『空想家とシナリオ』）

ところで、新宿を起点とするもう一本の私鉄、京王線（旧・京王帝都）は小田急よりも一部開通が早かったにもかかわらず、戦前を舞台とした小説には登場する機会がなぜか少ない。小説の背景として使われるようになるのはむしろ戦後である。たとえば、梅崎春生の『ボロ屋の春秋』は京王線の代田橋にあるあばら屋を詐欺師につかまされてしまった男の話だし、椎名麟三の『無邪気な人々』も、下高井戸を舞台にして、自分たちの子供でない赤ん坊を押し付けられた夫婦の不条理な苦悩を物語っている。

「こんなおそろしいものを、わたしは、もう持って歩くことは出来ない。弘子は、腕をゆるめた。落ちたら瀬戸物のような音をたててこわれるだろう。電車が轟音をたてて通りすぎた。明大前、十二時

十三分の高幡不動行きだった。まだ下りは、二本あるはずだわ。下高井戸駅に近い信号灯が赤にかわった」（『無邪気な人々』）

京王線は、東横線の田園調布、小田急線の成城学園のような計画的な田園都市を持たなかったために沿線の開発が遅れたらしいが、その分「第一次戦後派」や、「第三の新人」の作家にとっては、住宅を求めやすい沿線だったのかもしれない。

なお、私は京王線の聖蹟桜ヶ丘に住んでいたことがあるのでよくわかるのだが、『無邪気な人々』に描かれたこの終電間際の時刻表は戦後から現在にいたるまでほとんど変わっていない。

京王線で小説に登場するのは、むしろ井の頭線のほうである。そして井の頭線といえば、だれもが思い出すのが太宰治の小説である。高校時代ご多分にもれず太宰治のファンだった私は、実際に乗ったこともないうちからこの私鉄の名前に親しんでいたので、大学に入ってはじめて切符を買ったときには妙に興奮したのを覚えている。太宰治で引用すべき箇所はたくさんあるが、つぎの一節などは戦後の混乱をよく伝えているのではなかろうか。

「まず、井の頭線で渋谷に出る。渋谷で品物全部たたき売る。リュックまで売り捨てる。五千円以上のお金がはいった。

渋谷から地下鉄、新橋下車。銀座のほうに歩きかけて、やめて、川のちかくのバラックの薬局から眠り薬ブロバリン、二百錠入を一箱買い求め、新橋駅に引き返し、大阪行きの切符と急行券を入手した」（『犯人』）

『犯人』は太宰治には珍しい客観小説だが、姉を包丁で刺して自殺する主人公の捨鉢な気持ちと行動

はむしろ当時の太宰の心境そのものだろう。おそらく、太宰治もこの経路でブロバリンを買いにでかけたものと思われる。

戦後の混乱といえば、林芙美子の『浮雲』には仏印から引き揚げてきたヒロイン幸田ゆき子が進駐軍相手の娼婦に出会って驚く場面がある。舞台は意外なことに西武新宿線の鷺ノ宮である。当時、この近くに米軍の施設でもあったのだろうか。

「ゆき子が、西武線の鷺ノ宮で降りた時、その電車が終電車であった。踏み切りを渡って見覚えの発電所の方へ行く、広い道を歩いていると、三人ばかりの若い女が、雨のなかを急ぎ足にゆき子のそばを通り抜けて行った。三人とも、派手な裂地で頬かぶりをして、長い外套の襟をたてていた」

『浮雲』は昭和二十五年に連載が開始された作品で戦争の後遺症を重くひきずっているが、同じ年の昭和二十五年に発表された大岡昇平の『武蔵野夫人』はむしろ私小説的な生活感を排除するために武蔵野の「はけ」を舞台に選び、フディゲ風の抽象的な恋愛ゲームを展開させる。この作品は、国分寺を起点とする西武国分寺線の「恋ヶ窪」という駅名をひとつのキーワードにしていることで有名である。

「道子は『恋ヶ窪』で初めて自分の勉に対する感情を『恋』と呼んだ時のことを思い出した。あれからふた月とたっていない。それなのに自分はこんなに変わってしまった」

『武蔵野夫人』では、ピクニックのために選ばれた沿線も、いまでは、住宅街に変貌し、「はけ」もほとんど残ってはいまい。

震災と空襲で小説家は郊外へ

さて、以上、文学に登場した郊外私鉄というテーマで東京の変貌を見てきたが、引用する作品に私が一定の限定を加えていることにお気づきになられただろうか。すなわち、考察する作品の設定年代を関東大震災から終戦直後までの二十五年間に限定してみたのである。その理由は簡単、もし時代を現代にまで引き延ばしてしまうとほとんどの小説に私鉄が登場してくるので、「文学における私鉄」というテーマ自体が成立しなくなってしまうからである。いいかえれば、「文学における私鉄」というテーマは、郊外私鉄が珍しい大道具たりえた一九二五年から一九五〇年の二十五年間の意味を持つということである。

では、どのような意味を持つのか。それは震災と空襲という二度のカタストロフィーで、住むのに適した家を都心に見いだしえなくなった小説家たちが、職住近接を必要としないというその身軽さゆえに、震災後と終戦後の二度にわたって、郊外への脱出という現代の必然的傾向の先鞭をつけたという事実である。

ただ、ここでもうひとつ指摘しておかなければならないことがある。それは、彼らの郊外脱出には一定の傾向があるということ、いいかえれば、郊外私鉄といっても、池袋を起点とする西武池袋線と東武東上線、および北東に走る東武伊勢崎線と京成線の沿線に都心から移住した小説家は、あまり数が多くないということである。これにはいくつかの仮説が可能だが、私が最近注目しているのは、地方から東京に上ってきた人間は、なぜか、北と東に住所を移すことに心理的抵抗を感じるということ、平たく言えば「都落ち」と考える傾向をもっているということである。南や西から上京した人々は、東京よりもさらに北や東にいくことをいやがるが、北や東からきた人々も、北や東に戻ることに抵抗

する。したがって、物理的に都心に住めなくなった新住民が郊外にすみかを求めるとき、必然的に南西への偏向が生じる。とりわけ、文学者のような身軽な人間は、この傾向をだれよりも鋭角的に示すことになる云々。

だが、この仮説にひとつだけあてはまらない私鉄が存在している。それは京浜急行である。京浜急行は私鉄の中では東武と並んで、開通した時期が最も古いにもかかわらず、しかも、東京とモダン都市横浜を結んで南進しているにもかかわらず、文学者にはまったく人気のない私鉄である。今回、ずいぶんといろいろな作品をあたってみたが、横須賀線（川端康成『千羽鶴』『山の音』）や京浜東北線（谷崎潤一郎『痴人の愛』）はあっても、それと平行して走っている京浜急行はまったくといっていいほど文学作品には登場していない。なぜなのか。それは実際に京浜急行に乗ってみればすぐにわかる。プロレタリア文学でもないかぎり、こんな散文的な私鉄沿線に小説の舞台を設定しようという（つまり、この沿線に住みたいという積極的な理由を持つ）作家がいるわけはないからである。その点に関しては、京浜急行沿線に人生四十三年間のうち三十年間も住まざるをえなかったこの私が、自らの体験に基づいてきっぱりと言いきることができる。

（『東京人』一九九三年一一月号、都市出版）

二つの貌を持つ私鉄

京浜急行というのは、①「できる限り速いスピードで」、②「大量の乗客を」、③「定められた二点間で」輸送するという、鉄道本来の目的にきわめて忠実な鉄道である。

まず①だが、品川から快速特急や特急に初めて乗った人は、そのムチャクチャな速さ（より正確には速さの感覚）に驚く。特に、品川区、大田区、川崎などの住宅密集地域を百キロをゆうに超える猛スピードでまっしぐらに突き進む電車最前部に乗り込んでしまった場合は、ジェットコースター、それも「民家に突っ込む」感覚を売り物にしている花やしきのロケットコースターに乗っているのではないかという錯覚に襲われる。だれしも、これで事故が起きたら大惨事まちがいなしと冷や汗が出るが、どうして脱線転覆事故など一度も起きたことはない。

しかも、慣れてしまえば、この巡航スピード、まことに頼もしく、たまに渋谷に出るため横浜乗り換えで東横線に乗ると、オイオイ、お猿の電車に乗ってんじゃないんだからな、とドツキたくなる。あまりの遅さにイライラして、電車の中で駆けだしたくなるほどである。それに、東横線は急行でも停まる駅が多すぎて、京急ならせいぜい普通電車である。

ついで②の大量輸送に話を移すと、これはもう京急の専売特許といってもいい。東横線がつい最近まで車両数を増やせなかったのに対し、京急は駅の長さ、なかでも快特・特急の停車駅の延長にこれつとめたおかげで、快特と特急は車両数が多く、蛇のように長い。そして、それに比例して輸送できる乗客の数も膨大であるが、ラッシュ度は小田急や京王などに比べてよほど緩和されているという。私鉄の鏡といっていい。

ただし、こうした京急の輸送努力が傾注されているのは、あくまで快特・特急の停車駅、それも品

川から出発した電車が横浜南部のベッドタウンの起点駅である上大岡を過ぎてからであり、品川から上大岡までの各駅停車駅に対する冷遇のほどは驚くばかりである。

たとえば、かつては横浜最大の盛り場であった伊勢佐木町を控えた日ノ出町と黄金町の両駅は昭和二十年代からほとんどその姿を変えていないので、この両駅に降り立つたびに、筆者は、自らの原点である昭和二、三十年代にタイム・スリップしたようなレトロな感覚にとらえられる。さらに品川からの普通電車が各駅に停車する北品川、新馬場、鮫洲などといった駅たちは、明治三十七（一九〇四）年の京浜電気鉄道品川‐大森間開通のときからまったく変わっていないんじゃないかと思わせるような化石駅ばかりである。たぶん、その周囲の商店街も似たような感じなのだろう。

したがって、京急というのは、もっぱら品川と上大岡という「定められた二点間」の定点輸送に情熱を注ぐ反面、途中の沿線の再開発や美化にはまったく心を配らないという二つの貌をもった私鉄ということができる。乗客の七、八十パーセントが上大岡以南の郊外住民によって占められ、しかも京急自身が戦後ひたすら上大岡以南の宅地開発に邁進してきたのだから、それもいたしかたないことなのかもしれない。

しかしながら、鉄道本来の散文的精神に忠実で、沿線を冷遇と開発という二つの要素でしか分割することを知らぬこの京浜急行の基本方針が、「沿線イメージ」なるものをいささかも向上させない原因となっていることは明らかである。

冷遇された各駅停車駅の沿線住民は、ただ轟音をあげて通過し、街を鉄錆色に変色させてゆくだけの京急に反発こそ覚えるものの親しみを感じるようなことはまずないから、駅にも列車にも愛着を持

てず、また自らの発意で街を美化して再活性化しようなどという気力も湧いてこない。

いっぽう、横浜だとか湘南だとかいう漠としたイメージに惹かれて、都心から上大岡以南の住宅地に移り住んだ新住民にとって、この「品川 - 上大岡」間は、ただ鮨詰めにされ身動きできない監禁状態で「通過」するだけの密集地域、窓外に眺めていてもいっこうに楽しくない京浜工業地帯のくすんだ街にすぎず、いささかもプラス・イメージでとらえられていない。この点が代官山、自由が丘、田園調布など、いつかここに住みたいと乗客が思いながら通過する駅をもつ東横線とはまったく異なる部分である。上大岡以南に住む新住民が、やがては青物横丁や平和島に移り住もうと願いながら通勤することは考えられない。「通勤」という一日のかなりの部分を占めるこの時間は、ただただ疲労、憂鬱、不快といったマイナス評価でとらえられるだけである。はっきりいってしまえば、彼ら新住民は、快特や特急は、ウィング号（夕方だけに運行される超快速特急）と同じように、品川 - 上大岡をノンストップにしてほしいと思っているにちがいない。

とはいえ、四十七年間の人生のうち三十四年間を沿線住民として過ごした愛憎を離れ、冷静な第三者の目で京急沿線のこうした二極分解構造を眺めると、それはまさに高度成長以後の日本がたどってきた構図をそっくりそのままなぞっているわけで、都市構造の社会学的研究対象としてはまことにもって興味深いものといえる。

もっとも、その研究を京急に毎日乗ってやろうという気力はまったくない。なにしろ、京浜急行というのは、とにかく「疲れる電車」なのだから。


（『東京人』一九九七年一〇月号、都市出版）

Ⅱ　東京から遠く離れて

横浜

ウィリアム・コープランドを訪ねて――ビール発祥の地、横浜山手を歩く

良質な水が湧き出すところ

生まれも育ちも横浜だから、横浜のことなら何でもござれと、これまで人に言ったり書いたりしているが、じつのところ、生まれ育ったのは、戦前まで久良岐(くらき)郡と呼ばれていた横浜南部の辺境（金沢区富岡町）である。ゆえに、「横浜の中の横浜」ともいうべき中区の本牧・山手あたりを実際に歩いたのは、小学校四年生の社会科見学で元町や中華街、それに外国人墓地などを先生に引率されて見て歩いてからのことにすぎない。

このとき見学に持参した教科書が『わたしたちの横浜』で、その一ページ目には、たしか「横浜の水は世界一おいしく、腐りにくいので、世界中の船が横浜に立ち寄って、水を補給していきます」と

いうようなことが書かれていたと記憶する。

後の横浜の水のまずさを知る人間としては信じられないような記述だが、昭和三十年代までは横浜の水もきっと純粋だったのだろう。そう漠然と想像していたのだが、今回、「ビール発祥の地、横浜山手を歩く」という企画で、「日本のビールの父」ウィリアム・コープランドゆかりの場所を訪ねた際、『わたしたちの横浜』の記述の正しさを知った。

確証を得たのは、コープランドが一八七〇（明治三）年に「スプリング・バレー・ブルワリー」（二代目ジャパン・ブルワリーを経て、麒麟麦酒株式会社となる）の工場を設立した場所にメモリアルとして作られた「キリン園公園」の隣にある北方小学校構内のビール井戸でのこと。ここは、コープランドがビール醸造用の良質の水を汲み出した場所であるが、コープランド一〇四年忌に際して社内報『きりん』（二〇〇六年三月号）に掲載された記事「歩いて巡るキリンビールの歴史」には、キリンビール株式会社首都圏総務部・久保田正治さんのこんな言葉が拾われていた。

「このあたりは昔から良質な水が湧くことで有名でした。ジェラールというフランス人が現在の元町公園あたりで汲んだ水は、外国船に積まれ、インド洋に行っても腐らなかったそうですよ」

なるほど、昭和の三十年代までの横浜は、明治の頃とあまり変わっていなかったから、外国船にとって、給水港として重要な地位を占めていたにちがいない。また、横浜がビール発祥の地となったのは、外国人を多く抱える大消費地であったという地の利のほかに、ビール醸造に適した良質の水が湧き出すという最高の利点があったからなのである。

ところで、このコープランドの井戸が保存されている北方小学校には個人的な思い出がある。小学

校五年生のとき、正月書き初めコンクールで私の作品が銅賞に入賞し、北方小学校講堂に展示されているというので、同じく入賞した友人と一緒に見学にきたことがあるのだ。その頃は、ここがビール発祥の地とは知るよしもなかったが、せっかく横浜らしい場所にきたのだからと、外国人墓地がある高台まで坂を登って海を眺めたことを覚えている。この高台へと通じるなだらかな坂はいまでは「ビヤザケ通り」と呼ばれている。

日本のビールの父W・コープランドの生涯

では、横浜の良質な水に目をつけてスプリング・バレー・ブルワリーを創業したウィリアム・コープランドとは、いかなる人物だったのか？『ビールと文明開化の横浜　コープランド生誕150年記念』（キリンビール株式会社）とキリンビールのホームページ「ウィリアム・コープランドの人生」に従って、その足跡をたどってみよう。

コープランドは一八三四（天保五）年、ノルウェー南東部の港町アーレンダールで生まれた。本名をヨハン・マルティニウス・トーレセンという。十四歳からノルウェーのビール醸造所で徒弟修業を始め、醸造技術を修得した後、アメリカに渡ってウィリアム・コープランドと改名する。横浜開港六年目の一八六四（元治元）年に来日すると、牧場を経営するS・ジェームズ商会に出資して組合員となった。翌年、組合が解散した後、運送業のコープランド商会を開業、蓄財に成功するや、かねてより心に秘めていた計画を実行に移す。

コープランドにはかなりの成算があったようだ。というのも、居留地では、イギリスから運ばれて

くる赤い三角帆印の「バス・ペール・エール」が開港直後からさかんに飲まれていたが、海外から運ばれてくるビールは、長い船旅で品質が劣化しているものが多く、しかも値段も高価であったため、品質の優れたビールを横浜で製造し、手頃な価格で販売すれば売れるだろう、とコープランドは考えたのではないだろうか。ならば、自分がビールの醸造所を作って、現地生産に乗り出してみたらどうか。

当時、横浜外国人居留地では、三つのビール醸造所が動き出そうとしていた。そのひとつが、一八六九（明治二）年、山手四十六番地に開設される初代「ジャパン・ブルワリー」、二つ目が、一八七〇（明治三）年、山手百二十三番地にコープランドが開く「スプリング・バレー・ブルワリー」、そして三つ目が、同じ年に山手六十八番地にできる「ヘフト・ブルワリー」である。なかでも、ジャパン・ブルワリーの設立者G・ローゼンフェルトは、ババリア生まれのドイツ人醸造技師ウィーガントを来日させ、支配人兼醸造技師としていた（しかし、ウィーガントは経営者とソリが合わず解雇され、ヘフト・ブルワリーに移籍する）。

コープランドは、他の二つのビール醸造所と競合することになっても、十分に勝算がある、と判断したのだろう。かくして、彼は、ジャパン・ブルワリーやヘフト・ブルワリーと相前後して、スプリング・バレー・ブルワリーを開業したのである。

狙いは見事当たった。自ら醸造技師を兼ねるだけあって、スプリング・バレー・ブルワリーのビールは、他の二つのブルワリーの品質を凌いでいたので、売れ行きは順調だった。気をよくしたコープランドは、一八七二（明治五）年に故郷のノルウェーに戻り、アンネ・クリスティネ・オルセンという娘と結婚、身を固めたうえで日本に帰り、いよいよ本格的に事業の拡大に乗り出すことにした。

だが、そこに強力なライバルが現れる。ヘフト・ブルワリーを解雇されてアメリカに帰ったはずのウィーガントが、捲土重来を期して再来日し、ヘフト・ブルワリーを借りて自らビール醸造を始めたのである。

二つのブルワリーは負けじと値引き合戦を展開した。おかげで、ビールの消費量は増えたが、その分、日本人労働者への賃金支払いも増大し、利益率はどんどん下がっていった。たまりかねたコープランドは、ウィーガントに休戦を申し出、両者でコープランド・アンド・ウィーガント商会を設立することにした。ときに一八七六(明治九)年六月十五日のことである。コープランドはパストゥールの低温殺菌法を採用して安全を確保する一方、日本各地で日本人によるビール醸造が始まると、ビール製造用品の輸入販売を手掛けるなど機を見るに敏なところを示した。

だが、五年契約で出発したコープランド・アンド・ウィーガント商会は、共同経営者の意見対立で、結局、三年後の一八七九(明治十二)年には解散の憂き目を見る。悪いことは重なるもので、その十ヵ月前には、愛妻のアンネ・クリスティネが二十二歳の若さで死去していた。コープランドは競売に付された醸造所を自ら落札し、事業の継続を試みたが、裁判と競売に要した資金をついに回収できず、一八八四(明治十七)年には醸造所は公売に追い込まれることになる。

以後、コープランドは勝俣清左衛門の醸造所設立計画に参加したり、東京磯貝麦酒醸造所の技術指導員として雇われたりしたが、一八八九(明治二十二)年、勝俣の次女ウメと結婚すると、「夢をもう一度」と思ったのか、横浜を出港し、グアテマラ市に赴いて日本物産店を開業した。しかし、これもうまく行かず、一九〇二(明治三十五)年に心臓病とリューマチに病む体をウメに支えられながら、横

浜大桟橋のタラップを降りた。翌月、コープランドは横浜に没し、外国人墓地に葬られた。六年後、ウメは夫の後を追うように、三十九歳の若さで世を去った。

スプリング・バレー・ブルワリーそして、キリンビールへ

二人の魂はいま、外国人墓地の一画で静かに眠っている。外国人墓地の前に建つフランス料理店「山手十番館」で「牛舌の麦酒煮鉄鍋仕込み　ウィリアム・コープランド風」と命名された料理に舌づつみを打ちながら、遠く港の方角に目をやると、ノルウェー生まれの野心的な青年がはるばる海を渡ってくる幻影が一瞬、瞼に浮かんだような気がした。

一八八五（明治十八）年、コープランドの醸造所のあとに二代目ジャパン・ブルワリー（初代ジャパン・ブルワリーとは直接の関係はない）が開業し、一八八八（明治二十一）年から明治屋を販売元として、キリンビールが全国に販売された。ジャパン・ブルワリーは一九〇七（明治四十）年に解散、その財産を引き継ぐかたちで、麒麟麦酒株式会社が設立された。これが、今日のキリンビールの始まりである。

このように見てくると、コープランドが「日本のビールの父」と呼ばれるゆえんは、日本にビール醸造を根づかせようとする情熱がライバルたちを圧倒し、自分の育てた醸造所を継続させる粉骨砕身の努力を続けたことにあるのではなかろうか？　おそらくは、彼が水質に注目して選んだ立地が抜群だったので、途中から彼の事業を引き継いだ業者も、醸造所のある場所を離れがたかったにちがいない。明治初期に操業していたビール醸造所で、今日までその命脈が保たれているのは、じつに「スプリング・バレー・ブルワリー」だけなのである。

横浜山手の良質な水が、コープランドをしてビールを誕生せしめ、それが今日の巨大なビール産業へと発展したのだ。まさに、横浜山手はビール発祥の地なのである。

（『東京人』二〇〇七年四月号、都市出版）

栃木

「小明治」も味わえる穴場町

県庁所在地を奪われたかわいそうな町

栃木市は「蔵のある街」だという。ところで私の頭脳データ・ベースの中では、蔵はむしろ「お蔵」という呼び方で登録されている。そしてこの「お蔵」というキーを押すと、なぜか「入れないで！」という意味不明の叫びが飛び出してくる。といっても、変な連想はしないでいただきたい。その叫びは子供の泣き声、しかも私自身の叫びである。

私の実家は酒屋で、たいしたものではなかったが一応、「お蔵」と呼ばれるものがあった。といっても、当時でも物置に使われていた程度で中にはほとんどなにも入ってはいなかった。だが、時として、この「お蔵」に「入れられる」ものがあった。それは、いたずらをした子供である。なかでも、

私はよほど悪かったのか、しばしば蔵の中に閉じ込められた。蔵に通じる急な階段で大暴れしても、しょせん大人の力にはかなわない。重い鉄の引戸がガシャンと閉まると、しばし、黴の匂いのする、ひんやりしたその空間にひとりぼっちで取り残される。高い窓には太い鉄格子がガッシリとはまっている。いくら泣き叫んでも、声は厚い土壁に吸いこまれて、どこにも届かない。その時の孤独感、絶望感たらなかった。まさに、悪魔島の牢獄に閉じ込められたエドモン・ダンテスのそれだった。だから、私は「座敷牢」などという言葉を島崎藤村の小説で読んだとき、まるで我がことのように、激しい恐怖を感じたものである。

そんなわけで、『東京人』編集部からこの「蔵のある街」の散策を命じられたとき、いまひとつ気乗りがしなかった。それに、栃木市発行の観光パンフレットで見ると、倉敷や津和野などの小京都風の町並みである。私は、ムッシュー・レトロと自称しているぐらいで、古いものならなんでも目のない男なのだが、なぜか、ひと昔前の「ディスカバー・ジャパン」的な古都散策はあまり好きではない。たぶん、まだ神社仏閣を愛でるほどの粋趣味がないからなのだろう。だが、そのときふと、栃木県の県庁所在地は、栃木市ではなく宇都宮市だという当たり前の事実に気付いた。つまり、栃木市は、県には「栃木」という名がついていながら、明治十七（一八八四）年の県再統合で県庁所在地を宇都宮に奪われたかわいそうな町なのである。この点が、負け組贔屓の私の性格に妙にアピールするものがあった。と同時に、これはもしかするといい町かもしれないという内心の声が聞こえた。すぐにその予感は、きっといい町にちがいないという確信に変わった。

眠そうな街角を過ぎてようやく蔵が……

だが、東武電車を降りて、駅前のみつわ通りを歩き始めたとき、その確信はたちまち揺らぎ始めた。「おいおい、蔵のある街ってここのことか?」たしかに、そこここに蔵はある。だが、その蔵は我が実家にあったものとさして変わらぬ何の変哲もないものである。平凡な地方都市の平凡な通り。水辺といってもただのどぶ川である。同行の編集部のMさんも、心なしか不安げで、見所はこの先にありますと言ってしきりに地図を参照している。もっとも、武田花さんの写した「眠そうな街」特有の良さは随所にある。たとえば、このみつわ通りの中程にある「中将湯温泉」という中将湯特約店の銭湯。門構えもなかなか立派だし、富士山のペンキ絵の代わりに金魚の水槽を配した浴場もいいが、なによりも感動的なのは、二階が老人向け大衆娯楽センターになっている点である。許しを得て、二階に上らせていただくと、近所のお年寄りが数人、舞台の上でカラオケにあわせて踊りの稽古をしていた。大広間では、持ち込みの弁当を広げたおばあさんたちが談笑している。銭湯のご主人が現れて、日舞の衣装に身を固めたご夫婦の写真を見せてくれた。横に「坂々東流家元・坂々東百々玉郎、坂々東百々貴福」という看板が掲げてある。「々」の字が非常に小さく書いてあるのが泣かせる。カラオケ設備こそ最新だが、流れている時間は、悠久のアンチミテ(くつろぎ)の中で歩みを止め、凝固してしまっているかのようだ。

すこし先の床屋でも時間が同じように澱んでいる。瓦屋根のしもた屋風の二階家で、赤白青のおなじみのマークがなければ床屋とは気づかない。表に黄色い自転車があるのは夏休みで小学生が散髪にきているのだろう。そういえば三十五年程前の日本にはどこにでもこれと同じような光景が残ってい

たような気がする。しかしこうした昭和三十年代的なノスタルジーに浸っていたのでは「小江戸発見」というテーマがおろそかになる。先を急ごう。

さて、みつわ通りが銀座通りと交差するあたりまでくると、ようやく蔵の街らしい立派な蔵が見えてきた。屋根には鬼瓦がのっているし、土塀も黒々としてなかなか見事である。だが、道路に面したファサードは、なんと自動車部品の販売店になっている。このアンバランスをどうとるか、判断が分かれるところだろう。貴重な文化財への冒瀆か、それとも文化財と実利との巧まざる共存か。私は断然後者の方をとる。最初にも断ったが、私は文化財然とした文化財には一向に心を動かされないたちである。だから、いくら古くても神社仏閣にはほとんど興味がない。感動するのは、この自動車部品店のように、美意識に溢れた民間建築が、商業的論理の攻勢によく耐えて、けなげに生き残っている姿である。「いい町かもしれない」という直感は意外と当たっていたのかもしれない。

そう思って、ふと目を横にやると「塚田記念館」という標識が目に入った。巴波(うずま)川にかかる幸来橋から眺めると、川に沿って八つの蔵が立ち並んでいる。栃木市の観光パンフレットに出ている「鯉のいる街・蔵の街」の写真はこの橋からの眺めである。これが思っていたよりもはるかにいい。江戸末期から明治初期にかけて日光例幣使街道の宿場町として栄えた栃木市で、材木問屋塚田家は利根川に連なる巴波川の舟運で巨利を得たが、こうした豪商の蔵屋敷を見ると、昔の金持ちは金の使い方を知っていたなという感慨にとらえられる。昨今のバブル成金は、どこに金をつかっていいかわからないので、せっかくの財産をケチな消耗品につぎ込んでしまう。だから、没落したときに、その栄華を極めたときの記念碑たる成金建築が残らない。ヨーロッパでもどこでも、都市の文化とは成金建築の遺

産でできているのだから、こうしたものが残っていてくれないと困るのである。

「塚田記念館」も由緒ある家具や陶器を展示してあるが、展示品では意外に興味深いものを並べていたのが「栃木市郷土参考館」。以前は質屋だったというこの建物の蔵に入ったとき、子供のときにかいだあの匂いが鼻孔に広がり、一瞬、例の恐怖が蘇りそうになったが、おもしろい展示品に気をとられているうちにそれも忘れた。階段たんす、長持ち、いずれも子供のときに見たような気がする。栃木の三大名産が麻・瓦・下駄であることも知る。しかし、展示品で一番興味を引かれたのは、蚕の出す熱をさますために使ったという手回し扇風機と、前輪の大きなオールド・ファッションの自転車である。明治の初めに早くもこうした文明の利器がこの町に輸入されていたのである。

断髪令時代の床屋が残っていた！

「栃木市郷土参考館」から、この町のメイン・ストリートの「大通り」に出ると、先程の直感が正しかったことがわかった。とにかく、いたるところ蔵、蔵また蔵である。看板でかくされてはいるが、立派な瓦を葺いた屋根が近代的なビルの間に顔をのぞかせている。なぜか、この町には荒物屋とはんこ屋が多い。まったく、レトロを意識せずに、蔵を店舗に使っている店もあれば、レトロ・モダンな雰囲気を出そうと努力している店もある。なかで一軒、「福田屋デパート」の前に非常に立派な土蔵があったが、驚いたことにそこは眼医者さんだった。フクロウの看板がなんともかわいらしかった。

この大通りでひときわ目立つのが、いまは土産物屋になっている洋館である。これは、以前呉服の卸問屋を営んでいた安達呉服店の店舗だったものだそうだが、その安達呉服店の当主が収集した浮世絵

や書画をあつめたのが、その後ろにある土蔵倉庫の「あだち好古館」。ここの陳列品はどれも一見の価値があるが、なかで、私とMさんとカメラマン氏が狂喜したのは、意外や、昔の着色観光絵葉書のアルバムだった。銀座の夜景や浅草など、栃木までできて、戦前の東京の景色に出会えるとは思わなかった。

ところで、栃木といえば、小説家山本有三の生まれ育った町として知られる。『路傍の石』の舞台である。そして、土蔵を何軒か回ってきた目であらためてこの作品を読みかえしてみると、中学校に進学できない貧乏士族の息子吾一少年が羨ましく思う金持ちの友人たちは、材木屋、呉服屋、質屋、医者などの息子として登場している。つまり、この友人たちは全部、現在記念館になっている土蔵に住んでいたことになる。フィクションと現実が頭の中で交じりあうこうした不思議な感覚が文学散歩の醍醐味だろう。

ところで山本有三の墓は大通りから右手に入った近龍寺にあるが、その途中に、ちょっとおもしろいものがあった。何軒か続いた蔵をアパートとして貸している「蔵のアパート」である。現在は住人がいるのかどうかわからないが、少し前まで、ここに家賃一万円で住んでいた老人は「夏は涼しく、冬は暖かい蔵は最高」と言っていたとか。

近龍寺で山本有三の墓に詣でたあと、再び大通りを上り、昔の宿場町の面影がそのまま残るという旧・日光例幣使街道の「岡田記念館」をたずねる。ここは、江戸時代の代官屋敷の跡だということだが、残念ながらすでに閉館時刻を過ぎていた。それでも立ち去りがたく、邸内を無断で見学していると、「東京理髪學會・栃木支部」という古めかしい看板を掲げた床屋らしき建物が目に入った。さい

わい、邸内の土産物屋にまだおばさんが残っていたので、その建物の扉をあけてもらう。そこには、明治四（一八七一）年に断髪令が出されたときに栃木で真っ先に開業した床屋の内部が、当時のままに保存されていた。これは、掛値なしの見物（みもの）である。昭和六十二年まで営業していたとはにわかに信じがたいような超オールド・ファッションの床屋器具がすべてそろっている。なかでも、井戸汲み式の洗髪台がすごい。これひとつを見るためにだけでも、東京から足を運ぶ価値がある。

土産物屋で一服して外に出たときには、あたりはもうとっぷりと暮れていた。たそがれの大通りを駅に向かいながら、三人で今日は本当に充実した一日だった、これだけ面白いところはなかなかないねと言い合った。東武電車で浅草から八十分、九百円で「小江戸」どころか「小明治」まで楽しめるのだから、これはもう穴場という以外ない。

（『東京人』一九九三年一〇月号、都市出版）

熱海

別荘地は、「文化都市熱海」への試金石――戦前の格差社会の遺産

熱海の別荘地を訪れたとき、なぜか、しきりに『第三の男』（キャロル・リード監督）のクライマックス・シーンが思い出されてならなかった。

ペニシリンの密売でボロ儲けしたオースン・ウェルズは、旧友の作家ジョゼフ・コットンに追い詰められて、不正蓄財を追及されたとき、居直って、こんな名セリフを吐く。

「ボルジア家三十年の圧政はイタリアにルネッサンスをつくりだしたが、スイス五百年の平和と民主主義はいったい何を生み出したというのか？　ハト時計だけではないか？」

熱海について、オースン・ウェルズにならっていうなら、次のようになる。

「明治・大正の格差社会は、熱海に歴史的建造物クラスの素晴らしい個人別荘を生み出したが、戦後

の平等社会はいったい何をもたらしたというのか？　団体向け観光ホテルと会社保養所の群れだけではないか？」

さらにいうなら、ハト時計はいまなおスイス土産物として健在だが、熱海の団体向け観光ホテルと会社保養所は、戦後を支えた平等主義が去った後、その顧客である大衆を失い、マンション用地として次々に転売されている。いまや熱海は、観光都市としてのあり方そのものを問われるに至っているのである。

そして、こうなったとき、にわかにクローズアップされ始めたのが、戦前の格差社会の遺産である豪華な別荘群である。もしかすると、明治・大正・昭和の個人別荘は、熱海の新たな観光資源になりうるのではないか？　つまり、熱海は戦前の格差社会が残してくれた別荘を観光の目玉にして、これまでとは違った種類の観光客を惹きつけることができるかもしれないということである。

だが、このパラドクサルな仮説を確かめるには、とりあえず、自分の足で別荘を訪れ、自分の目でその現状を確認してみなければならない。

かくして、「熱海別荘探偵団」たる岸本葉子さんと私は、高度成長期の新婚カップルよろしく、東京駅から新幹線に乗り、熱海駅で下車したわけだが、出迎えてくれたのは、観光ホテルの送迎要員ならぬ熱海市観光商工課の方々である。まずは、別荘地としての熱海がどのようにして開発されたのか、そのあたりから説明を聞こう。

明治、大正、昭和、「熱海別荘今昔物語」

熱海市観光商工課職員（以下Ａ・Ｋ）　熱海はその名の通り、海中の間歇泉から熱湯が噴き出し、熱い海となっているのが奈良時代に発見され、『金槐和歌集』に「走湯山参詣の時」と記されたときから全国的に知られるようになりました。箱根権現を開山した万巻上人が湯元を海中から山の中腹に移したのが、現在の大湯の始まりだと言われています。とはいえ、江戸時代までは東海道から外れていたこともあり、地元の人が利用する鄙びた漁村にすぎませんでした。

鹿島　とすると、熱海が保養地として脚光を浴びるのは明治に入ってからなのですね？

Ａ・Ｋ　そうですね。ただ、幕末にはイギリス初代公使のオールコックが熱海大湯を訪れていますし、フランス公使のロッシュもリューマチ治療のために隣町の網代温泉に滞在したりしています。

鹿島　なるほど、ヨーロッパの人間というのは公務を抱えていても、当時からヴァカンスを取る習慣があったから、イギリスのバースやフランスのヴィシーに当たるような湯治場を江戸の近くに求めて、熱海や網代を探し出したというわけですね。では、日本人で最初に熱海に別荘を建てたのはだれですか？

Ａ・Ｋ　明治八年に、当時、陸軍少将だった鳥尾小弥太が伊豆山に建てたのが最初と言われています。

鹿島　鳥尾小弥太といえば、長州の奇兵隊の出身で、井上馨や伊藤博文とも親しかった陸軍の大物ですね。ヨーロッパ視察に出てからは、鹿鳴館的な欧化主義に批判的になって、反井上・伊藤の急先鋒になりましたが。

Ａ・Ｋ　その伊藤博文や井上馨もかなり初期に熱海に滞在しています。明治十四年の政変のさいの伊

藤博文と大隈重信の熱海会談も有名です。

鹿島　明治の頃は暖房といえば火鉢と炬燵（こたつ）しかなかったから、冬の避寒地としても熱海は注目されたということもあるんでしょうね。この避寒地と温泉の組み合わせに注目したのが、内務省の衛生技官だった後藤新平で、熱海にスパを設けようとしていますね。

A・K　それが明治十八年に開設された宮内庁直轄の「噏滊館（きゅうきかん）」です。病院を併設していてヨーロッパ型の温泉医学療法を取り入れた最初の施設です。しかし、なんといっても、熱海発展のきっかけとなったのは、大正天皇のための御用邸建設です。明治二十一年のことです。

鹿島　大正天皇は蒲柳（ほりゅう）の質で、冬に風邪を引いたら命取りということで、避寒地を熱海に求めたということですね。たしかに、日本各地には大正天皇の御来迎をきっかけにリゾート地として発展した観光地がずいぶんある。大正天皇こそは日本のリゾートの父だ。熱海も、御用邸の周囲に華族や政財界の著名人がこぞって別荘を建てるようになって大発展したというわけですね。

A・K　おかげで、冬の間、首都機能が熱海に移動したようになりましたので、先の噏気館に、東京の電信局と結んだ日本初の公衆電話が設けられるようになりました。明治二十二年のことです。

鹿島　それはそうと、足の便はどうなっていたんです？

A・K　東海道線が通る前には、明治の高官たちは東京から船で乗り付けています。

鹿島　東海道線が神戸まで開通したのが、たしか明治二十二年。熱海はまだルートから外れていたはずですよね。

A・K　小田原から人力車で五時間かかりました。かくてはならじと、小田原・熱海間に「豆相（ずそう）人車

鉄道」という軽便鉄道が引かれたのです。

鹿島　いわゆる、人が客車を引っ張る人力鉄道ですね。

A・K　ええ、それでも小田原から三時間に短縮されましたので、文学者たちも熱海を訪れるようになりました。坪内逍遙と尾崎紅葉です。

鹿島　なるほど、熱海で坪内逍遙はシェークスピアの翻訳に打ち込み、尾崎紅葉は『金色夜叉』を書いたと。ここから、熱海の黄金時代が始まるわけですね。

こんな会話を交わしながら、われわれは熱海市観光商工課の差し回してくれた車で次々に有名人の旧別荘を訪れた。ここでは、簡単に私の受けた印象だけを記しておこう。

①元首相岸信介の熱海別邸

戦後に建てられた純日本風家屋（設計・吉田五十八）で、海を見下ろす丘の中腹に建つ。現在は、屋敷の付属施設だった温室をウェディング施設に活用したレストラン「GINZAN」となっている。庭園に設けられた展望台にて、臨時の新婚カップルを気取って岸本さんと記念写真を撮る。昭和も三十年代までは「戦前」の続きであり、ゆえに格差も厳然と残っていた。岸信介の熱海別邸はそうした格差社会の最後の残映である。

②戦後、臣籍降下した旧皇室十一宮家の総元締めともいえる伏見宮別邸

あたりの山はすべて伏見宮の所有地だったという。東京の伏見宮邸は純洋風だったが、ここは純和風檜木造り。本邸は洋風に、別荘は純和風にというのが宮様の建築様式だったのか。最近、私も宮家研究家を名乗っているので見学できたのは拾い物だった。現在は「熱海ホテル　パイプのけむり」の宿泊客のためのレストランとして使われている。

③南葵文庫

公爵徳川頼倫が図書室として麻布に設けていた本格洋館の書庫を移築し、レストラン・ホテルとして活用したもの。レストランはフレンチで、以前、勝見洋一氏との対談で利用したことがある。海沿いに建つため、海岸に打ち寄せる波の音が情緒を誘う。

④起雲閣

明治の政財界で活躍し、「海運王」の名をほしいままにした明治海運の創設者内田信也の別荘を、昭和の初めに「鉄道王」の異名を持つ東武鉄道の創業者根津嘉一郎が買い取り、二つの洋館と庭園を加えて拡大した豪華な別荘。戦後、旅館となり、多くの文豪が名作を書いたことで知られる。旅館の廃業に伴い、マンション用地として買収されそうだったのを熱海市が買い取って整備し、一般公開にこぎつけた。建築学的にも見どころ豊富で、よくぞ救ってくれたと快哉を叫びたくなるような名建築である。財政危機が云々される熱海市にとっては、たんなるリゾートマンション都市に堕するか、別荘文化都市に変貌できるかを試されるリトマス試験紙となっている。今後、こうしたケースが頻出す

るだろうが、できるものなら、すべて起雲閣方式で処理してもらいたいものである。

というわけで、大急ぎで、いくつかの旧別荘を巡ったが、それにしても、熱海ほど「格差社会は現在の人を苦しめるが、未来の人を救う」というパラドックスを痛感させる町はない。

熱海の目指すべきは、過去の遺産で食べていくという点で、「日本のヴェネチア」であり、「日本のラスベガス」ではないのである。

（『東京人』二〇〇七年三月号、都市出版）

〈対談〉岸本葉子――湯けむりの向こうの別天地

新婚旅行先としてにぎわった熱海

鹿島　熱海は五年前に、「ヴィラ・デル・ソル」に仕事で来て以来ということになります。その前となると、じつに三十六年ぶり。その夏、風邪をこじらせてしまい、体力回復を兼ねて網代に泳ぎに行き、熱海に泊まりました。一九六〇年代末というのはミニ氷河期で、自分が痩せていたせいもあるけどね（笑）、とにかく東京は寒かったんです。熱海が明治期より別荘地として好まれた理由が、わかります。

岸本　避寒としての別荘地ですね。

鹿島　そうなんです。ぼくの子どもの頃でも、暖房は火鉢と炬燵、石油ストーブくらいしかなくて、日本家屋の透き間風は厳しかった。

岸本　同じ別荘地でも、軽井沢は逆に避暑地。暖房器具が充実していなかった時代、部屋全体の温度を二度高めるのはとても大変なことで、家全体が暖かいという記憶はないです。気温の二度、三度の違いが、当時は重要なことだったのでしょうね。

鹿島　渋沢栄一の伝記を書きましたが、彼も熱海に別荘を持っていて、冬は熱海、夏は箱根という「渡り」をしていた。ぼくが飼っている猫が、冬は三階、夏は一階にいるのと同じ。金持ちも猫も、寒さにはかなわない。

岸本　今よりも東京との距離感があったでしょうし、気分転換にもなる。

わたしのはじめての熱海は、鹿島さんよりも少し先輩で、小学校に上がる前の家族旅行です。大規模ホテルのタイル貼りの大浴場で、転んで頭を打ったという記憶はとても鮮明なのですが、ほかの記憶は……。プライベートで熱海に泊まったのは、それ一回だけです。ずいぶん大人になってから、両親の新婚旅行先が熱海と聞いて、驚きました。葉山に住んでいましたから、あまりに近くて、新婚旅行気分が出たのかしらと思って。父の記憶によると、一泊目は西洋式のホテル、二泊目は純和風のホテルに泊まって、それなりに新婚旅行を頑張ったようです。

鹿島　熱海が新婚旅行のメッカになったのは、昭和三十四年に東海道線に特急こだまが走ってからです。東京から近くて、温泉もある。

岸本　「海」「夕日」「夜景」というシチュエーションも、新婚旅行に欠かせない。肩を寄せ合って

「海に夕日が沈んで、夜景がきれいね」とか（笑）。東京近郊の三大温泉地を、熱海、草津、伊香保としたとき、新婚旅行で行きたい場所を考えると、草津、伊香保は湯治の人が多そうですし、山に囲まれているからサンセットを眺められない。やっぱり、熱海にはムードがある。

鹿島　理由のもうひとつは、結婚式の変化でしょう。地方だと、結婚式は家に親類縁者が集まって、剣の舞だのを披露して宴会を行い、場所によっては何日も続く。それが都市化に伴い、結婚式をホテルや式場で挙げるというシステムが出来上がった。そこにパッケージとして、「新婚旅行は熱海へ」というのが組み込まれたのだと思う。式を挙げたその夕方に新婚旅行に出発する。

岸本　冠婚葬祭が家を出て、サービス業の持ち分になったとき、新婚旅行もそれまでのものと変わってしまった。そう考えますと、産業構造と住宅事情の変化というのが大きいですね。サラリーマンが多くなって、郊外の小さな家に住む。すると、家では結婚式ができないから式場で挙げるようになる。昭和三十年代に新婚旅行が本格化するのは、うなずけます。

鹿島　森繁久彌の新東宝映画に、『森繁の新婚旅行』（昭和三十一年）というのがある。地方に左遷された新聞記者の森繁が、新婚旅行の予定表を失くしてしまい、それを拾った教師が修学旅行の日程にしてしまう。すると、旅行先の東京の行く先々で、三木のり平、千葉信男が扮する高校生の悪ガキと一緒になって大迷惑をこうむるという話です。昭和三十年代、新婚旅行が出てくる映画はたくさんあります。森繁の社長シリーズ（昭和三十一～四十六年）では、銀座で営業課長の三木のり平が〝ぱーっとやりましょう〟と盛り上がって、車に分乗して熱海までやってくる作品もあります。熱海は、新婚旅行の次に、団体旅行の時代に変わった。

ネームブランド「熱海」の復活

岸本　その移り変わりというのは、どのへんだったのでしょうか。

鹿島　そうですね。戦前は、個人のお金を、税金で取り上げるような税制ではなかったのが、戦後の税制は、個人の金持ちを認めないようにした。そのため、税金にお金を持って行かれないために法人化する。その時、法人の必要経費の枠組みに、社員のレクリエーションという項目が入った。社員のレクリエーション費は、経費で落とせる。だから節税のために、社員寮や保養所を作ったり、社員旅行に出掛けるようになった。会社が東京の場合、その目的地のほとんどは、熱海ですね。

岸本　団体客が増えると熱海がにぎやかになって、新婚さんは熱海から遠のく。新婚さん側も、旅行感を求めて遠くに行くようになる。熱海の次に、ハワイブームというのもありましたね。

鹿島　リゾート地というのはイメージ投影産業で、たとえば熱海は「東洋のハワイ」「東洋のコート・ダ・ジュール」と、とらえられていた。ところが昭和三十九年の海外旅行自由化で、「東洋の」という部分がなくなり、いきなりハワイに行ってしまう。すると、かつてのリゾート地はその分、ニセモノ的な雰囲気が漂いだして、衰退してしまう。

岸本　時代によって温泉の流行りがありますが、秘湯ブームも、今の温泉ブームも、熱海の温泉街とは少し開きがありますよね。

鹿島　熱海全体が、一九六〇年代の、高度経済成長期の団体行動的なところに的をしぼったために、右上がりの時はよかったけれど、団体行動が下火になると、それで生きてきた産業はだめになる。

ただし、「熱海」という名前のブランド価値は大きいので、今はマンションブームで活気づいていますね。高度成長期の紋切り型のイメージの続きで、「団体旅行は熱海」だったのが、「隠遁地は熱海」になるのでしょうか。

岸本　「旅先」としては近すぎるという不利な点が、「住む」となると利点に変わる。ホテルがマンションに建て替わっていますが、身勝手な感傷を言えば、古き温泉街のたたずまいを、もう少し残してほしいですね。射的場とピンボールのお店が一軒、というのは悲しい。でも、熱海に芸妓見番があって、二百八十人の芸妓さんがいるとは、びっくりしました。

鹿島　それだけ芸妓さんがいるのは、すばらしいことですよ。しかも、三味線芸妓が十二人いる。最年長が九十五歳の方だそうですが、ベテランの方は、ただ三味線が弾けるだけでなく、都都逸などの芸がちゃんとできる。正しいお座敷遊びは、客も都都逸で返さなければいけない。

岸本　法人文化のお座敷遊びは、うまく継承されていませんね。研修費で落ちたのに（笑）。

鹿島　熱海の別荘群は戦後、法人所有となり、保養所として使われた。戦後の税制のゆがみが、さまざまな日本文化の継承を、ゆがめてしまった。

岸本　そういった意味で「起雲閣」は、よくぞ残してくれました、と熱海市にお礼を言いたいですね。

鹿島　古いものは何度でもよみがえるし、人は文化に集まるんですよ。文化（建物）を大切に保存して、アピールをうまくやったら、「熱海」のネームブランドは再生すると思います。建物は壊してしまったら、おしまい。

岸本　昭和二十五年の大火で、町の資（史）料のほとんどを失くしてしまったのは残念なことですが、

歴史を掘り返す作業が必要かもしれませんね。

鹿島　ではここに、「熱海学」を立ち上げましょう。熱海のがんばりどころは、これからですね。

（『東京人』二〇〇七年三月号、都市出版）

岸本葉子（きしもと・ようこ）
エッセイスト。一九六一年生まれ。大学卒業後、会社勤務、中国留学を経て、暮らしや旅などを題材にしたエッセイを多数発表。近著に『575　朝のハンカチ　夜の窓』（洋泉社）、『捨てきらなくてもいいじゃない？』（中央公論新社）、近刊に『50代でしたくなるコト、なくていいモノ』（中央公論新社）など。

京都

京都「古書店」めぐり――個性派ぞろいの「知」の拠点を訪ねる

「京都の古書店をめぐってみませんか?」というお誘いを受けて断る古書マニアがいるだろうか？　まず、絶対にいないだろう。

だが、数多い古書店の中で京都のそれが特別に魅力的に思える理由はといわれると、とたんに返事に窮するにちがいない。原理的にいえば、和本を除いて、京都限定販売の古書というものはないからだ。つまり、京都の古書店だからといって、ほかでは手に入らない古書というものは存在しないはずなのである。

しかし、なぜか、われわれ古書マニアは、京都の古書店といわれると激しく反応してしまう。その心はといえば、おそらくこういうことなのだろう。

古書のレベルは都市のレベルを表す

すなわち、京都は古いものを大切にするトラディショナルな町である。住民もまたしかりで、保守的な人間が多いが、反面、冒険精神と反骨精神に富んでいる進取的なインテリも少なくない。ひとことでいえば、京都人は「民度」が高く（少なくともそのように見える）、彼らが買う本にも当然それは反映するだろう。だから、世代が変わって、蔵書が古書店に出まわったときには、こうした都市の性格と民度はかならずや「良い古書」を作り出すにちがいない、と。

まあ、これだけ理屈っぽく考える人はいないだろうが、しかし、古書のレベルは都市住民の民度と連動するというのは、古書マニアならだれでも知っている原則なので、「京都の古書店めぐり」と言われれば、これに反応しないわけはないのである。

早朝に新幹線で東京を出発、お昼に京都駅に着くと、「京極かねよ」で「きんし丼（卵焼きの載った鰻丼）」を平らげた後、さっそく古書店が集中している河原町通あたりから探索を開始する。

仏蘭西文学と仏教文学の奇妙な関係

まず飛び込んだのが、店構えに趣のある寺町通の「書林其中堂（きちゅうどう）」。店内を見回すまでもなく、仏教書の専門店である。京都は「坊さん人口密度」日本一の町だから、仏教書専門店が何軒かあって当然なのだが、しかし、私は「仏文学者」ではあるが「仏（ほとけ）」とは何のゆかりもない「仏（蘭西）文学者」で、仏教書などほとんど手に取ったことはない。だが、御主人（は不在で令夫人）に取材の許可を願い

出た以上、何か一冊くらいは買うのが礼儀である。で、私のレベルに見合うような本はないかと探すと、目に飛び込んできたのが、新刊書コーナーに並べられていた竹内信夫『空海入門　弘仁のモダニスト』（ちくま新書）。「竹内信夫さんとはあの竹内信夫さんか？」と思ったら、やはりそうであった。著者はマラルメの専門家であり、レヴィ＝ストロースの翻訳で知られた元東京大学教授・竹内信夫さん（私の先輩）だったのである。なんでまた竹内さんが空海の入門書を、と思ったのだが、そのとき、竹内さんの辿ったコースには先人がいたことを思いだした。サルトル研究から道元研究へと進んで『正法眼蔵』の読解を続けておられる恩師・森本和夫氏である。そう、「仏文学」から「仏文学」への移行は、ある意味、「王道」であったのだ。

この『空海入門』と山折哲雄氏の『仏教とは何か　ブッダ誕生から現代宗教まで』（中公新書）の二冊を買って店を出る。これがきっかけとなり、私もまたいずれ「仏文学者」と名乗るようになるかもしれない。

京都といえば、仏教書と並んで専門店が多いのが古典籍、つまり、和綴じの本を扱う古書店だが、この古典籍専門店の雄が姉小路通にある「竹僊堂」。ここはショー・ウィンドーに骨董小物や絵物が展示されているのでそれとわかる。店内には、畏れ多い絵物の古典籍がズラリと並ぶ。御店主からは、ネット販売の功罪、とくに罪の方を詳しく教えていただいた。

京都で古典籍なら、この店を訪れないのはモグリといわれるのが寺町通の「佐々木竹苞書楼」。店構えもいかにも寺町通の古書店にふさわしいピトレスクな風情である。雑誌の京都古書店特集というと、たいていこの店のファサードがメインを飾るが、たしかにそれだけの価値はある店舗建築であっ

た。表の床几には主に日本美術関係の古書が置かれているが、店内は神田神保町の山本書店と同じように、墨書きの札を張った古典籍が縦に並べられていて壮観。私は、絵物の古典籍の世界に足を踏み入れたら、何回破産しても足りないことを知っているので、敬して遠ざけているのだが、この店に入るとそんな禁も破ってしまいたい誘惑に駆られる。

愛書家憧れの「書斎」空間

というわけで、あわてて店を出て御幸町通に回りこむ。この通りの目立たぬマンション二階にあるのが、かの有名な「アスタルテ書房」。かの有名なというのは、澁澤龍彦や種村季弘、生田耕作といった異端系の文学者を愛する古書マニアの巡礼の地であり、京都の古書店特集では絶対に欠かすことのできない「趣味的」本屋の雄だからである。井上章一氏はここでゴスロリ・ファッションに身を固めた高校生と遭遇したという。私は、以前、国際日本文化研究センターで客員をつとめていたとき、池内紀さんと一緒にこの店を訪れたことがあったが、たいした買い物もしないのに歓待されて、一見さんお断りの店に連れていっていただき、谷崎潤一郎にかわいがられたという舞妓さん（といっても、九十歳を超えていたが）と話をしたことがある。こういう書斎を作りたいと愛書狂に渇望を抱かせる店である。

アスタルテ書房を出て河原町通に戻り、「キクオ書店」に。ここは、フランス古書、それも高価なグラフィック本を扱う店として知っていたが門構えは和書の古書店にしか見えない。こはいかにと思ったら、御店主が出てこられて、店奥に案内された。狭い空間ながら、充実した棚ぞろえだが、ここ

のところすっかり金欠の私には高嶺の花ばかり。ため息をつきつつ、ジョルジュ・バルビエがごく初期に挿絵を入れたユーグ・ド・ルー『シバの女王マケダ　エジプト年代記』を拝見させていただく。

キクオ書店の次は同じ河原町通の「赤尾照文堂」へ。これまた井上章一氏の受け売りだが、「文芸方面の、全国区といっていい老舗」で、大蔵書家の谷沢永一氏が阪神大震災被災後、蔵書を売却したことで全国の古書マニアの注目を集めたという。私もかねがね一度訪れたいと願っていたのだが、なんたることか、赤尾照文堂は土産物屋に変身していた。二階の一部には文芸書の棚が残ってはいるのだが、それもごくわずか。文芸古書店の衰亡を象徴するような出来事である。

京都の「知」を支える古書店ストリート

こうなると、京都の残りの古書店の行方がおおいに気になるところである。たとえば、学生運動華やかなりし頃、京大正門前の百万遍に軒を連ねていたあの古書店、というよりも学生相手の古本屋はいまはどうなっているのか？

そこでタクシーで、百万遍へ。

よかった、まだ何軒か、京大前の古本屋らしき風情の店が残っている。とりあえず、「吉岡書店」とその別館に飛び込む。ふーむ、四十年前と変わらぬ雰囲気である。品ぞろえは京大生協書店の古本屋バージョンと思えば一番わかりやすい。ようするに、ありとあらゆるジャンルの本をそろえた総合古書店である。

買い求めたのは、青木昌彦『私の履歴書　人生越境ゲーム』（日本経済新聞出版社）。京大経済研究所

の教授をつとめた経済学者の本だからというのではない。じつは、この青木昌彦氏、われわれの時代の者にとっては姫岡玲治というペン・ネームの方でよく知られた方である。そう、六十年安保の共産主義者同盟（ブント）の理論的指導者で、いわゆる「姫岡国家独占資本主義論」で全学連を先導したあの姫岡玲治である。姫岡玲治は、安保闘争の挫折後、アメリカに留学し、数理経済学者としてスタンフォードやハーバードで教職についたが、その一方では、ポップスやロックの紹介者として本名で『ミュージック・ライフ』などに寄稿していた。これは、その青木昌彦＝姫岡玲治の自伝であり、まさに京大前の古書店で購入するのにふさわしい本だった。

百万遍では、なじみのフランス書店（古書も一部扱う）「ガリア書房」を訪れ、御店主と旧交を温めた後、この日の予定の最後となる善行堂のドアを押す。この善行堂の御主人・山本善行氏は「古書ソムリエ」を自任し、『関西赤貧古本道』（新潮新書）や『古本泣き笑い日記』（青弓社）などの著書もある古書マニアだったが、昨年、ついに店舗をオープンさせたのである。

ここでは、ラシルド夫人『超男性ジャリ』（宮川明子訳、作品社）を購入。ラシルドというのは、男装の麗人として世紀末に活躍した女流作家で、男勝りの貴族令嬢が造花職人の美青年を誘惑・監禁して、性の役割を逆転した夫婦生活を送るという小説『ヴィーナス氏』で知られる。『超男性ジャリ』は同時代に生きたジャリとの交流を描いた回想録。ラシルドの夫ヴァレットが編集主幹をつとめていたメルキュール・ド・フランス社の雰囲気を知るのにも貴重な資料である。

こだわり店主の「顔」が見える店

翌日は、少し遅めに起きて十一時から行動開始。最初は、昭和の風俗史を専門とする二条通の「水明洞」へ。ここは神田神保町でいえば、金・土に古書会館で開かれる古書市、とりわけ「ぐろりあ会」のイメージに一番近い。古書というよりも、グラフィックな資料なんでもありのアナーキーぶりが快い。根性を入れて探せば当たりが出そうな雰囲気だが、時間がないので隣の「中井書房」に移る。中井書房は、商社でサラリーマンをされていた御店主が脱サラして始められた店で、写真集や画集が中心をなすが、他のジャンルの本も広く集めている「古書店らしい古書店」である。

京都古書店行脚の終点は、平安神宮の表参道を下って路地に入った岡崎円勝寺町の「山崎書店」。ここは、付近に京都市美術館、京都国立近代美術館がある関係か、展覧会の図録が中心のラインナップだが、それよりも興味深いのは、店舗がまったく普通の民家だということ。つまり、通りに面した二階建ての民家を一軒丸ごと借りて、その各部屋に所狭しと本棚を並べて店舗としたのである。だから、古書店を訪れるというよりも、蔵書家の家を訪問したという印象を受ける。なるほど、こうしたやり方もあるのかと納得させられる店である。店主の山崎氏は『本と美術のたより　草の根』という目録を兼ねた雑誌を作っておられるが、この雑誌に常時掲載されている「BOOKMARK@SAKYO」という自転車でめぐる左京区古書店マップはたいへん便利。京都に不案内な古書マニアは最初にここを訪れて、この地図を手に入れてから行動するといいだろう。

というわけで、二日間にわたる京都古書店めぐりの旅を終え、昼は南禅寺境内にある「奥舟」にて湯豆腐を満喫。

京都には百軒近い古書店があるし、寺社の境内を利用した古書市もかなり頻繁に開かれていると聞く。

今回走破できた古書店はほんの一部にすぎない。まだまだ個性的な店がありそうだ。次回の京都も「古書店と古書市巡礼」で決まりである。

（文藝春秋企画出版部編『嗜み』No. 6、二〇一〇年）

あとがき

筑摩書房から『パリ時間旅行』（後に中公文庫）と題したエッセイ集を出したのは一九九三年のこと。パリを気ままに散策しながら、それぞれのトポスで時間旅行を試みるという趣向の本だったが、このころから、東京で同じことをやってくれないかという注文がポツリポツリと入り始めた。

私は生まれも育ちも横浜で、結婚してから十三年ほどは東京に住んだことはあるが、それも板橋区と多摩市という都心からは離れた地域なので、東京そのものについてはあまり詳しく知らなかった。だから、断ってもよかったのだが、しかし、私は「自分の専門と関係がない分野の注文を受けたら無条件でこれを引き受ける」という風変わりな原則を持っていたので、東京時間旅行的な仕事は片端から引き受けることにした。

注文先は主に雑誌『東京人』で、特集やサブ特集があるたびに、東京のさまざまな盛り場に出向いたり、あるいは古いドキュメントを探索したりして記事を書いた。すると、同じような趣旨で他の雑誌からも注文が入り始めたので、東京をテーマにした一冊のヴァラエティ・ブックをつくる分量は確

保できるまでになった。

ところが、二〇〇〇年を境にして月に十本以上の連載に追われる日々が始まったので、いろいろなメディアに書いたエッセイをまとめるだけの時間が取れなくなった。つまり、書き散らすだけになってしまったのである。

さらに二〇一〇年ころからは、私がコレクションした版画や挿絵本を練馬区立美術館や群馬県立館林美術館で展示するという仕事が加わるようになったので、自分が過去に何を書いたのかさえ覚えていないアナーキーな状態に陥った。

こんな調子で二〇一〇年代は過ぎていったのだが、今年の春、以前、青土社で『大読書日記』を担当していただいた渡辺和貴さんから、今度、勤め先が作品社に変わったので、私の膨大なエッセイを何冊かの本にまとめて出したいというご提案をいただいた。

私としても、連載ものを単行本にするという作業と展覧会の仕事が一段落つきそうなのでOKを出したところ、渡辺さんは驚くべき情熱で二十五年にわたって私がさまざまな雑誌に書き散らしたエッセイを集めてきてくださった。

その第一弾がこの『東京時間旅行』というわけである。

なかには書いたことさえ完全に忘れていたエッセイもあり、「へえー、こんなことよく調べたな」と自分で感心しながら読んだものもある。また、書いた時点では「現在」のことを取り上げたはずが、時間の経過で、それ自体が時間旅行的なものになってしまったエッセイもある。

いずれにしろ、足で歩いてドキュメントで裏を取るという姿勢は『パリ時間旅行』のそれと変わりはない。パリを愛するが、東京も負けずに好きという読者が、私が想定する最高の読者である。そん

な読者に楽しんでいただけたら、幸いである。

最後に、いちいちお名前は挙げないが、本書の中核となるエッセイを掲載していただいた『東京人』と『嗜み』およびその他の雑誌の歴代の編集者の方々、および、対談の再録を快諾してくださった岸本葉子さんに、心からの感謝を捧げたい。

二〇一七年九月十八日

鹿島茂

鹿島茂（かしま・しげる）

一九四九年生まれ。フランス文学者・作家。東京大学大学院人文科学研究科博士課程修了。現在、明治大学国際日本学部教授。『馬車が買いたい！』（白水社）でサントリー学芸賞、『子供より古書が大事と思いたい』（青土社）で講談社エッセイ賞、『愛書狂』（角川春樹事務所）でゲスナー賞、『職業別パリ風俗』（白水社）で読売文学賞、『成功する読書日記』（文藝春秋）で毎日書評賞を受賞。新刊に『エマニュエル・トッドで読み解く世界史の深層』（ベスト新書）、『失われたパリの復元』（新潮社）、『神田神保町書肆街考』（筑摩書房）など。膨大な古書コレクションを有し、東京都港区に書斎スタジオ「NOEMA images STUDIO」を開設。書評アーカイブWEBサイト「ALL REVIEWS」（https://allreviews.jp）を主宰。

Twitterアカウント　@_kashimashigeru

東京時間旅行

二〇一七年十月二十日　初版第一刷印刷
二〇一七年十月三十日　初版第一刷発行

著　者　鹿島茂
発行者　和田肇
発行所　株式会社作品社
〒一〇二‐〇〇七二　東京都千代田区飯田橋二‐七‐四
電話　〇三‐三二六二‐九七五三
ファクス　〇三‐三二六二‐九七五七
振替口座　〇〇一六〇‐三‐二七一八三
ウェブサイト　http://www.sakuhinsha.com

装幀　小林剛（UNA）
本文組版　大友哲郎
印刷・製本　中央精版印刷株式会社

ISBN978-4-86182-657-3　C0095　Printed in Japan

JN255408